MAR DAS PÉROLAS
Dubai e os Emirados

Fernanda de Camargo-Moro

MAR DAS PÉROLAS
Dubai e os Emirados

EDITORA RECORD
RIO DE JANEIRO • SÃO PAULO

2008

CIP-Brasil. Catalogação-na-fonte
Sindicato Nacional dos Editores de Livros, RJ.

M854m
    Moro, Fernanda de Camargo e Almeida, 1939-
    Mar das pérolas / Fernanda de Camargo-Moro. –
Rio de Janeiro: Record, 2008.

    Inclui bibliografia
    ISBN 978-85-01-07928-2

    1. Moro, Fernanda de Camargo e Almeida, 1939-
– Viagens – Golfo Pérsico. 2. Golfo Pérsico –
Descrições e viagens. I. Título.

08-1762
    CDD – 915.5
    CDU – 913(5)

Copyright © 2008 by Fernanda de Camargo-Moro

Capa: Evelyn Grumach / EG Design

Direitos exclusivos desta edição reservados pela
EDITORA RECORD LTDA.
Rua Argentina 171 – Rio de Janeiro, RJ – 20921-380 – Tel.: 2585-2000

Impresso no Brasil

ISBN 978-85-01-07928-2

PEDIDOS PELO REEMBOLSO POSTAL
Caixa Postal 23.052
Rio de Janeiro, RJ – 20922-970

EDITORA AFILIADA

Eu não volto mais,
Aonde vais então?
Em direção ao Oriente...

Gérard de Nerval, *Aurélia*

Para vocês

Sumário

O Golfo, entre tradição e modernidade   13

CAMINHOS   17

Os espelhos do mar   19

O nascimento do Golfo — um poema geológico   20

Penetrando nas margens persas   25

O fabuloso reino de Ormuz, no Estreito de Ormuz   31

ARQUEOLOGIAS   39

Parte 1 *Através da arqueologia, a construção da História*   41

Uma visão dos primeiros tempos: Das aldeias pesqueiras do litoral e o nascimento dos oásis à expansão comercial   41

O prelúdio pré-histórico: as glaciações e suas resultantes   42

A penetração humana   44

Primeiras ligações com a Mesopotâmia   45

Período Hafitiano e o aparecimento de habitações sedentárias no interior   47

O aparecimento dos oásis — teorias antigas e atuais   48

A metalurgia do bronze e o desenvolvimento do comércio   50

O deus Enki e a organização do comércio no Golfo   51

A arqueologia comprova o mito   52

Umm an-Nar, o primeiro sítio escavado e suas características   53

Wadi Sûq — um final da Idade do Bronze   55

Novas mudanças — o II milênio   56

A Idade do Ferro, sua datação e o uso posterior deste metal   56

Parte 2 *E a história continua*   61

Mleiha, um toque helenístico   61

Ed-Dur e o esplendor de Omana   62

Zoroastristas, nestorianos e crenças pré-islâmicas   64

A conversão e a expansão ao Islã   65

Ibn Majid — o mestre dos mares   66

Julfar, Sohar e Ormuz — o desenvolvimento das rotas   67

Chegam os portugueses   68

Os beduínos de Bani Yas   69

Os Qawasim e seu poderio naval   69

Os tratados da trégua   70

Graças aos cheikhs é iniciado o equilíbrio dos Emirados   71

Da crise de 1929 às soluções encontradas   71

Do ouro ao petróleo — uma nova história   72

A partida dos ingleses e a renascença do baixo Golfo   73

Parte 3 Das pérolas e seus pescadores   75

Os pescadores de sonhos   81

VIAJANDO POR DUBAI E OS EMIRADOS:
UMA TENTATIVA DE CONHECER   85

Parte 1 Enfim, Dubai   87

Parte 2 Jumeirah   97

Parte 3 Visitando alguns dos sete irmãos   103

Parte 4 Os caminhos de Musandam   111

Parte 5 Descobrindo Al-Fujeyrah e seus petrogrifos   119

Parte 6 Al-Ain, as fontes do deserto   125

VOLTANDO A DUBAI: REFLEXÕES   139

Parte 1 Reflexões sobre Dubai   141

O poderoso desempenho na ciência e na tecnologia   142

Parte 2 *Sûq, bazar, mercado, elementos de tradição cultural* 147

Parte 3 *Dos habitantes* 153

Uma culinária das mil e uma noites 161

Da utopia à realidade produtiva: Uma visão inovadora 173

Cronologia dos Emirados 183

Receitas 187
Especiais dos Emirados 187

Intervenções da cozinha planetária 191

Glossário 205

Bibliografia 251

Índice Remissivo 255

O Golfo, entre tradição e modernidade

Desde tempos muito antigos, a margem ocidental do Golfo Pérsico é um lugar de encontro entre os beduínos do deserto e os pescadores. Entre estes, havia os que jogavam suas redes e arpões nas águas vizinhas em busca de uma variedade grande de peixes, e os que mergulhavam em busca de pérolas. Acreditavam nas forças da natureza e oravam para a lua e as estrelas. A eles se foram juntando marinheiros, comerciantes e mercadores vindos de outras terras, sempre acolhidos com a cortesia e hospitalidade que ali se perpetuavam como tradição.

Terra de contrastes, a população foi se pautando dentro da grande variedade de paisagens, pois essas terras, montanhas rochosas, dunas imponentes, praias de areia fina e frondosos oásis se aproximam de um litoral recortado, onde imperam as fendas, chamadas localmente de khor e em inglês de *creek,* penetrações das águas azuis do mar das pérolas nas terras amarelo-esbranquiçadas do deserto avizinhado, formando enseadas geralmente estreitas e longas.

O habitat humano sempre equacionado à paisagem passou lentamente das tendas do deserto e das cabanas e casas das pequenas aldeias costeiras para uma arquitetura que, embora simples, tem detalhes elaborados, e que nos dias de hoje as autoridades locais buscam preservar. Em Dubai, principalmente, mas também nos outros Emirados que se uniram encabeçados pelo Abu Dhabi, como Qatar, e no Sultanato de Omã, a arquitetura vernacular passou a conviver com as construções ultramodernas da nova arquitetura, de traçado arrojado e criativo, que se pode considerar simbólica e futurista.

A renascença dos Estados do Golfo há muito tempo me atraía. Uma primeira viagem por sua margem oriental há muitos anos, outra a Omã há menos tempo, textos lidos, belas ilustrações e aquela curiosidade que a pesquisa traz em seus caminhos faziam-me sentir que havia uma proposta além do que tudo aquilo que era deixado entrever.

Nos tempos atuais não se pode abraçar a especialização das culturas do Oriente sem sentir o sabor do que se passa ali, nesses estados novos, diferenciados, criadores de novos parâmetros em terras antigas, chegando a novos resultados.

O Golfo cujo nascimento foi uma belíssima história geológica, e evoluiu contando mil e uma histórias, não abriga apenas um conjunto de Estados que retrata uma imagem moderna de tecnologia avançada, poderosa economia, riqueza em hidrocarbonetos e local de grande manejo financeiro, que produz instrumentos de lazer inusitados, e arrojadas construções ecológicas, e também futuristas como são por muitos consideradas.

Estas imagens atuais, ao serem vivenciadas por mim, juntaram-se às minhas memórias de tempos passados, estudos feitos, mostrando as raízes de uma dimensão simbólica, onde a tradição, a história e a mitologia da região têm seu lugar.

Será que eu estou certa em considerar insólitas algumas comparações e críticas que são feitas às novas propostas, vinculando-as apenas às benesses do petróleo?

Em abril de 2007, eu parti para rever o mar das pérolas, conhecer os lugares que haviam escapado de percursos anteriores, buscar uma relação tangível com o seu meio ambiente para estar certa na interpretação dos contrastes que fazem o encanto e a personalidade de Dubai, principalmente, como uma sociedade cosmopolita de estilo de vida internacional, porém marcada por uma cultura enraizada nas tradições pré-islâmicas e islâmicas da Arábia, que, ao se deixar envolver com a contemporaneidade, deu novo compasso na construção de sua longa e poderosa história.

O aprendizado sobre as culturas do Golfo, que aos poucos fui adquirindo, não se reduz nem ao tempo, nem ao espaço dos lugares visitados. Ele se prolonga para além dos Emirados e do Sultanato, buscando a bacia do Golfo, o *sinnus* arábico pérsico, expandindo também sua cronologia a tempos antigos, quase imemoriais.

Pouco a pouco se tornou cada vez mais visível a fusão da paisagem com as culturas e a intervenção das mutações climáticas sobre as formas culturais, juntamente com a evolução das populações nativas e das correntes migratórias que produziram civilizações fantásticas, cuja influência atingiu tanto o próprio Oriente como o Ocidente.

Os mitos locais, tornados abundantes e enriquecidos por aquele meio ambiente, traduziram-se como fonte explicativa de tudo que se passou, ajudando a formulação histórica e social de épocas antigas através dos tabletes de argila. Estes, que receberam com fartura textos em escrita cuneiforme nos seus mais diversos estágios, tornaram-se documentos insubstituíveis sobre os primeiros acontecimentos de toda a região, não apenas do Golfo, mas de todo o Oriente Médio.

Ao percorrer em etapas o grande berço do Golfo, em diversos tempos, alguns pessoalmente, e outros através da pesquisa, fui dando uma forma às lembranças que ficaram e que se transformaram nas "memórias do mar das pérolas". Não deixando de pensar na obra de arte mais pura que o ambiente natural do Golfo criou — a pérola.

CAMINHOS

Os espelhos do mar

Amanhecia. A claridade aumentava com muita lentidão quando senti pela primeira vez a brisa marinha do Golfo. Os primeiros raios de luz faziam as águas parecerem espelhos em movimento captando a luz que surgia ainda tênue, e a lua esmaecida aos poucos desaparecia no céu. Águas prateadas ou espelhos em movimento, o que vi foi de tal beleza que ainda hoje não me sai da memória.

Espelhos sempre me fazem pensar nos limites entre o sonho e a realidade. Será que aqueles me contariam os mistérios das águas, as imagens dos seus movimentos aprisionados, reverberando essas imagens até eu as perder de vista?

O espelho conta a verdade, mas não é a verdade. Da mesma forma que não faz se tornarem tangíveis nem a lua, nem os tons de prata que aparecem através dos caminhos da claridade nascente por ele transmitida.

Tudo isso eu pensei não apenas naquela primeira vez que cheguei às margens do mar das pérolas, mas sempre que me lembro daquele amanhecer.

Foi aquela a primeira vez que eu senti a brisa daquele mar e que, enfim, pude ver as águas do Golfo em sua liberdade. Até então eu vira lagos, lagoas e lagunas, rios, pântanos e manguezais muito verdes, mas o mar de pérolas adormecidas ainda estava longe...

Minha curiosidade sobre a criação daquele Golfo era imensa. A geologia, sempre cheia de poesia, em cada lugar cria seu poema ao se associar com todos os componentes do meio ambiente.

Até hoje eu me lembro da hora em que a lua foi substituída pelo sol e as águas foram se tornando cada vez mais azuis, provavelmente colorindo as entradas das águas lá nas terras amareladas da margem ocidental do Golfo, onde formam os belos khors.

Como a geologia descreve o poema de formação inicial desta região tão linda? Como Gaia fez brotar aquela forma peculiar cujos movimentos regeram até seu povoamento?

O nascimento do Golfo — um poema geológico

A vista tomada pelo satélite mostra que, entre a Península Arábica e o Irã, uma massa de água de cerca de 233.000km² forma um grande golfo conectado com o de Omã pelo Estreito de Ormuz. Seu limite ocidental é marcado pelo delta do Chatt al-Arab, que os iranianos denominam Arvand-Rood, e que junta as águas dos rios Eufrates e Tigre.

Sabe-se que a bacia do Golfo Árabo-Pérsico, que chamarei apenas Golfo, é a região mais poderosa do mundo em termos de recursos de hidrocarbonetos, mas será que muitos têm conhecimento de sua riquíssima fauna aquática, de seus bancos de ostras, muitas delas perlíferas, dos belos recifes coralíneos e de uma flora submarina esplendorosa?

Será que conhecem sua história geológica?

FERNANDA DE CAMARGO-MORO

Localizada na junção do escudo árabe e do bloco continental iraniano que pertencem a duas diferentes placas da litosfera, a Arábica e a Eurasiana, a bacia do Golfo tomou forma quando da colisão destas placas por volta do Mesozóico/Cenozóico. Foram produzidos o cinturão pregueado das montanhas do Zagros e a grande depressão mesopotâmica que dela também faz parte. Durante a maior parte do Fanerozóico[1], foi constituída a vida animal e multicelular na região, durante o qual esses organismos deixaram um registro fóssil detalhado e construíram complexos ecossistemas e diversificadas espécies.

Esta bacia pertenceu a uma antiga e passiva margem do Gondwana, o continente do sul, que se abriu em direção ao Oceano Páleo-Tetis no Paleozóico e na direção do Neo-Tetis no Mesozóico. Tudo isso fez esta paisagem única evoluir de forma sustentável, tendo recebido condições climáticas que favoreceram a acumulação de rochas sedimentares cristalinas muito espessas, evaporitas, e rochas de carbonato, mais espalhadas e com excelentes propriedades de reserva.

Pode ser estabelecido que em cerca de 70.000 a.C., no intervalo quente entre as duas últimas glaciações (Riss e Würm), o nível do Golfo era cerca de 8 metros superior ao nível atual, o que implicava as águas abrangerem, então, uma grande parte da planície mesopotâmica. A seguir, o nível foi sendo reduzido à medida que o clima se tornava mais frio e que as geleiras se formavam, para atingir seu ponto mais baixo (-120m) no apogeu da glaciação de Würm, em cerca de 14.000 a.C., quando todo o Golfo passou a ser então uma larga planície atravessada pelo Tigre e o Eufrates, ou o equivalente do atual Chatt al-Arab, que se lançava diretamente no Golfo de Omã. Por conseguinte, é possível pensar

---

[1] O termo "Fanerozóico" geralmente é aplicado para o Paleozóico, Mesozóico e Cenozóico. Isto contrasta com o "Pré-Cambriano", que durou muito mais tempo mas foi caracterizado por microorganismos que geralmente não deixam fósseis, enquanto o Fanerozóico sim.

que entre 14.000 e 3.000 antes da nossa era, o que é hoje o fundo do Golfo foi um largo vale regado pelos dois grandes rios e seus afluentes, além de ter lagos espalhados, e parecia habitável.

Não se pode impedir de sonhar que este vale, a partir de certa época que permanece ainda indefinida, podia ter sido habitado pelos sumérios ou pelo menos por seus antepassados.

Quando a calota glacial recuou, o nível do Golfo subiu, a princípio muito lentamente e depois mais rapidamente. Esta irresistível subida das águas marinhas tomou ali como primeira possessão o Golfo Pérsico, e depois penetrou no sul da Mesopotâmia, transformando as zonas secas e áridas em lagos e pântanos. A subida total das águas no Golfo teria se alastrado por quase dez mil anos, mas os dez últimos metros foram escalonados por uma ou duas gerações apenas. O que parece quase certo é que todo este movimento afetou profundamente as populações que se encontraram num meio muito diferente do seu meio original.

Uma das hipóteses é que os sumérios teriam seguido os rios que serpenteavam no Golfo Pérsico, mas logo após foram empurrados para adiante pela subida das águas oceânicas que no fim da era glaciária preencheram a prazo toda a região. Quando a subida das águas parou, este povo se fixou na atual Baixa Mesopotâmia.

Fugindo do rigor científico, e tentando explicar a população da região dentro de uma interpretação mítica e legendária, o Senhor Supremo teria provocado deliberadamente este movimento de população, com a intenção específica de que os primeiros homens fossem virgens de qualquer laço, cultural, territorial e religioso anterior. Estes homens cujos antepassados teriam sido todos enterrados sob o mar, e cuja história foi apagada pelas ondas, seriam em certa medida também virgens de qualquer passado, historicamente eles não existiam, e os outros povos ao redor não sabiam de onde eles vinham. Os sumérios eram, de certo modo, um povo que saía do mar.

Voltando ao pensamento científico, atualmente se acredita que os antepassados dos sumérios eram apenas seres muito primitivos que viviam de caça, pesca e um pouco de agricultura, adorando os elementos naturais como divindades, como demonstram os estudos de pré-história. Mais tarde eles se estabeleceram e harmonicamente adquiriram conhecimento. Mas a chegada na região dos semitas provenientes de Acad perturbou completamente as suas vidas. Estes homens, que muito aprenderam com os sumérios, e a eles sobreviveram gerações após gerações, tornaram-se verdadeiros artesãos do que iria se revelar uma das primeiras civilizações. E com o seu formidável potencial, dariam um brutal golpe acelerador na História.

Mas isso é outra conversa...

Penetrando nas margens persas

Quando, depois de atravessar o Iraque vinda das nascentes do rio Tigre, resolvi penetrar no Irã através do grande pântano, eu já sabia que, não existindo praticamente nenhuma conexão na fronteira entre os dois países, seria preciso contar com os pés, um cajado e o pouco peso da mochila.

Se entre as dificuldades da travessia contam os obstáculos naturais que se justapõem entre os limites dos dois países, pois tanto o Chatt-al-Arab como os montes Zagros não são propícios à construção de vias de comunicação, a isto se junta o antagonismo secular entre as populações de ambas as regiões, o que não favorece o estabelecimento de boas rotas transfronteiriças. Assim sendo, embora a rede férrea iraniana e a rede férrea iraquiana existissem de forma independente, elas não tinham buscado conectar-se entre si, mesmo que as duas tivessem comunicação com os países vizinhos.

Pela mesma razão nenhuma rodovia consistente existia entre os dois países. Vários pontos de passagem em número variável, de acordo com as diretivas dos dois países, eram, no entanto, abertos, pois a manutenção de comunicações ainda que precárias se revestiam e ainda se reveste de grande importância, dado que permite a milhares de peregrinos iranianos visitar as cidades santas de Nadjaf e de Kerbala, que são, respectivamente, o terceiro e o quarto lugares santos do xiismo, além de permitir também ao Irã exercer de forma eficaz a sua influência sobre os xiitas iraquianos. Em outra parte dos dois países, nas vizinhanças da região autônoma do Curdistão iraquiano, as ligações transfronteiriças são cruciais, a fim de limitar a sua dependência no Iraque e conservar relações com os curdos do Irã.

Como a arqueologia daquela região, além do fascínio que exerce aos que dela se aproximam, no meu caso fazia parte da disciplina que eu lecionava no Brasil, meus conhecimentos anteriores contracenavam humildemente com a aprendizagem que a viagem trazia.

Tudo ali levava a crer que a fronteira Iraque–Irã marca um limite entre o mundo árabe e o mundo iraniano, contando também com áreas de inclusão nas regiões de contato mais ativo. Pensando nisso e passando do virtual para a realidade do espaço que eu penetrava, senti a marcação destes limites, e mais tarde estranhei muito quando Samuel Huntington, ao teorizar o choque das civilizações, não fez de modo algum menção de tal distinção, englobando todos os países do Oriente Médio numa grande civilização islâmica.[2]

O absurdo desta informação do professor, mesmo fugindo dos limites de imposição geográfica, coloca-se no plano religioso e no plano étnico e lingüístico, nos quais se observa descontinuidade, mas por outro lado também podemos constatar um número importante de séries contínuas entre os dois lados da fronteira, provocado pelo relacionamento milenar das populações.

---

[2]Huntington, Samuel. *O choque das civilizações e a recomposição da nova ordem mundial.* Rio de Janeiro: Objetiva, 1997.

Assim, o xiismo, uma das correntes da religião muçulmana existente tanto no Iraque quanto no Irã, estende-se de um lado e do outro na fronteira do sul, enquanto no norte iraquiano o sunismo professado pelos curdos é majoritário e persiste dos dois lados daquela fronteira. Quanto à língua, a persa (farsi) é ausente no território iraquiano, mas uma importante minoria mesclada de árabes e iranianos a pratica na província meridional do Kuzestão, ainda hoje chamada por alguns iraquianos pelo antigo nome — Arabistan (Arabistão).

Ao norte, o curdo, que faz parte da família das línguas iranianas, é falado igualmente no Iraque e no Irã, sem esquecer a grande parte da Turquia e da Síria que também participam da área que foi convinda chamar de Curdistão. Já o árabe, língua semita, não é apenas a língua máter iraquiana, mas também de todos os Estados árabes do Golfo.

Antes de 1847, a fronteira que eu atravessei nas proximidades de Bahmanshir marcava oficialmente os limites entre o Império Otomano e o Persa. Foi o Tratado de Erzurum (1847) que colocou a vizinha ilha de Abadan sob soberania iraniana, mas manteve o conjunto da via aquática do Chatt al-Arab sob soberania dos otomanos do Iraque. Em 1937, no seguimento do desenvolvimento de Abadan, um compromisso fez passar a fronteira Irã–Iraque no meio da via aquática sobre 6km e meio à frente desta cidade. Há cerca de 30 anos, quando ali estive, havia freqüentes incidentes entre os dois países, e a fronteira ainda era dúbia. No entanto, pouco depois, em 1975, o Acordo de Argel fixou a fronteira no meio do Chatt al-Arab sobre os 100km que separam do mar a cidade de Koramshar, antiga Mohammara. No entanto, durou pouco este acordo, que trouxe tantos benefícios, pois cerca de cinco anos depois foi revogado unilateralmente pelo Iraque.

Durante a guerra entre os dois países (1980-1989), a área foi local de sangrentas batalhas.

Atravessei a fronteira entre os dois países com um grande número de homens, mulheres e crianças de todas as idades. Eram grupos de peregrinos que cruzavam a região fronteiriça em busca das cidades sagradas do Iraque, ou que tomavam os caminhos de volta, ainda envolvidos na espiritualidade das cerimônias de Nadjaf e Kerbala. Esses fiéis, imbuídos de sua fé, não se importavam com as dificuldades do percurso, e muitas vezes os vi piedosamente orando em direção a Meca, mesmo nas etapas mais difíceis, sem se apressarem com o cair da tarde.

Os montes Zagros, após saírem do Iraque, penetram na fronteira e descem pela margem iraniana do Golfo, formando uma barreira até o sul, onde o Estreito de Ormuz marca a entrada do Golfo de Omã. Ali, são as montanhas Makrân que passam a formar a barreira entre o Mar de Omã e a bandeja central iraniana.

Entrei pela primeira vez naquelas terras, pela região dos antigos elamitas, bem ao sul de Susa,[3] tomando o caminho atribuído à migração mesopotâmica quando no IV milênio vieram se mesclar com as mais antigas populações locais.

Eu chegara pela primeira vez na região no início dos anos 1970, quando os planos de modernização que vinham sendo desenvolvidos pelos projetos de Reza Pahlevi não entusiasmavam uma boa parte da população que já deixava entrever uma reação preparatória da mudança que se processaria no final da década. Ao contrário do que o governo havia imaginado, os

---

[3] A ocupação do sítio de Susa demonstra uma série de ocupações desde a época pré-elamita. No IV milênio ali já era um centro religioso.

magníficos festejos dos 2.500 anos dos grandes reis aquemênidas não emocionaram a população profundamente ligada à fé islâmica.

A suntuosa festa de Persépolis, em volta da importante dinastia iniciadora do Império Persa, tinha uma ligação expressiva com o zoroastrismo, a religião anterior, que mesmo seus adeptos tendo sido considerados pelo Islã como *ahl al-dhimma*, povo do livro, no caso o Avesta, e, portanto, respeitada, não impediu que a maior parte da população se convertesse ao Islã. Além do mais, a grande maioria era e é xiita e, assim, vinculada ao movimento religioso, na época já esboçado, que Khomeini um pouco mais tarde liderou.

A beleza da Apadana de Persépolis e a festividade que maravilhou o mundo não impediram o crescimento cada vez maior do movimento dos *molah* que passavam a tomar as posições aguerridas que modificariam profundamente o ritmo do país.

Enquanto isso, do outro lado, na outra margem do Golfo, as notícias eram alvissareiras. Novos estados se formavam libertados das administrações estrangeiras, e graças à tenacidade e ao espírito desenvolvido de seus chefes de origem tribal, haviam se livrado também dos padrões anteriores de intervenção ocidental, formando novos modelos, mais modernos, criativos e inovadores. Emirados, Reinos e o Sultanato de Omã evoluíam modificando a paisagem.

Em ambas as margens, no entanto, as duas culturas, a árabe e a persa, comunicavam-se de forma tênue e apenas ali se entremearam. Do lado oriental, os Zagros formam uma verdadeira barreira, limitando o que se poderia chamar de cultura persa — arabizada —, e que demonstram suas influências, como pode ser reconhecido pelos costumes, trocas, e misturas de línguas entre o farsi e o árabe, muitas vezes convidando a língua urdu como medianeira. No interior, porém, domina o Irã profundo, com suas influências arianas, plenas de nuances da antiga Pérsia cujas ligações maiores eram com as estepes da Ásia Central. Era a Pérsia das belas cidades, transmissora da cultura clássica de Rayy, e dos grandes cientistas e filósofos da transoxiana, completamente diferente das ligações com o mar existentes nos portos pesqueiros do litoral, que se modificaram e evoluíram gradativamente através do comércio forte e internacional desde tempos muito antigos.

Se de um lado a cultura persa fora enriquecida pela hoje denominada Rota da Seda, que palmilhara seu interior em direção à Ásia Central, do outro as rotas marítimas, principalmente a do incenso, e as navegações chinesas e européias a internacionalizaram.

Depois da passagem pela fronteira, deixei as antigas terras elamitas e prossegui pela região vizinha da refinaria de Abadan, na boa estrada que ia até Bushehr, onde já naquela época se planificava uma usina nuclear. Dali eu poderia ter tomado, mas não o fiz, a estrada que ia diretamente até Chiraz, nas vizinhanças de Pasárgada e Persépolis, lugar proposto para o meu trabalho arqueológico.

Como me sobravam alguns dias, preferi a estrada mais longa, que costeava o mar até Bandar e-Hormoz, e dali eu subiria para o Fars e começaria meu trabalho.

O caminho escolhido era usado pelo povo, sobretudo para as trocas entre as aldeias pesqueiras, o que me obrigava a comer a dieta dos pescadores e dormir onde pudesse. Era uma alegria costear pela primeira vez o mar das pérolas — "o Darya Loulou", ou seja, uma nomenclatura híbrida usada por alguns membros da comunidade local, misturando a palavra persa Darya (mar, grande água) e a árabe Lou-Lou (pérolas).

A grande refinaria de petróleo já se instalara em Abadan havia muito tempo quando passei por lá. Na época, o petróleo era a grande estrela da energia, que trazia riqueza e auto-suficiência ao país. Os gregos conheceram esta província pelo nome de Mezambria, local de batalhas do almirante alexandrino Nearco. Recentemente uma equipe de arqueólogos franceses encontrou vestígios bem anteriores, determinando que sua origem data do Império Elamita. Bushehr, que na época era apenas uma vila portuária ainda pitoresca, na Antigüidade fora conhecida com o nome de Liyan, e possuía um templo em honra da deusa elamita Kiririsha. Atualmente acredita-se que Liyan tenha sido uma das portas comerciais para o Oceano Índico na época do Elam, como voltou a ser diversas vezes, dependendo da pressão maior ou menor do comércio marítimo na região, até ser a escolha dos europeus, durante algum tempo, para substituir Ormuz como centro de trocas.

Liyan tomou o nome de Bushehr quando foi reformada em 1736 por Nadir Shah (Xá), porém, antes disso, fora também denominada Reeshehr, tendo sido um centro da expansão do cristianismo nestoriano no século V.

O fabuloso reino de Ormuz, no Estreito de Ormuz

Continuando para o sul, entrei pelo Hormozgân, uma das 30 províncias do Irã. Fazendo face ao Omã, ela tem como capital Bandar Abbas, o porto do Xá Abbas, antigo Bandar e-Hormoz.

Minha curiosidade se estendia principalmente para o Reino de Ormuz, que durante uma época foi possessão portuguesa coincidindo também com a permanência destes ibéricos no Brasil.

A cidade de Ormuz está situada em hua pequena ilha chamada Gerum que jaz quasi na garganta de estreito do mar Parseo tam perto da costa da terra de Persia que avera de hua a outra tres leguoas e dez da outra Arabia e terà em roda pouco mais de tres leguoas: toda muy esterele e a mayor parte hua mineira de sal e enxolfre sem naturalmente ter hum ramo ou herva verde.

A cidade em sy é muy magnifica em edificios, grossa em tracto por ser hua escala onde concorrem todalas mercadorias orientaes e occidentaes a ella, e as que vem da Persea, Armenia e Tartaria que lhe jazem ao norte: de maneira que nam tendo a ilha em sy cousa propria, per carreto tem todalas estimadas do mundo / ...../ a cidade é tam viçosa e abastada, que dizem os moradores della que o mundo é hum anel e Ormuz hua pedra preciosa engastada nelle. (João de Barros, Décadas da Ásia II, L. II cap. 2)

Ainda que se saiba que o Hormozgân tenha sido povoado durante o período dos aquemênidas, e que o já citado almirante Nearco, também tenha estado na região, a história escrita do seu principal porto, Bandar e-Hormoz, começa realmente com Ardacher I durante o Império Sassânida. Sobre esta época, conta-se que a província foi particularmente próspera entre 241 a.C. e 211 a.C., mas sua importância cresceu ainda mais em termos comerciais depois da época islâmica.

Marco Polo visitou o lugar duas vezes, em 1272 e em 1293, quando descreveu a importante joalheria persa, as pérolas do Bahrein, os marfins da África e as sedas da Cochinchina existentes nos bazares daquele porto internacionalizado. O viajante magrebino Ibn Batuta descreveu sua estada ali no século XIV, tendo a cidade também sido visitada por Pero da Covilhã e Jacob d'Ancona.

O lugar é ainda citado pelo neerlandês Van Linschoten e muitos outros europeus. Além desses, no caminho do Oriente para o Ocidente, na época Ming, o almirante chinês Zheng Ho também incluiu o reconhecimento de Ormuz em suas missões.

Estes viajantes e mais alguns outros eram movidos tanto pela busca de mercadorias como pela curiosidade, pois o esplendor do lugar já era famoso desde a época dos aquemênidas e sassânidas.

Em 1497, os europeus chegaram pela primeira vez ao Oceano Índico, com o espírito colonizador. Começando por Vasco de Gama, que se dirigiu à Índia, oito anos depois, em 1506, o almirante português Alfonso Albuquerque invadiu a região com sete navios de guerra, sob o pretexto de proteger os seus interesses contra otomanos, egípcios e venezianos, pois o porto de Ormuz era considerado estratégico para o comércio.

Situado no Golfo Pérsico, Ormuz era protegido pelo estreito do mesmo nome, e assim interferia nas rotas que desciam do Mediterrâneo em busca do mercado asiático, e vice-versa. Tendo sido expulsos pouco depois, os portugueses retornaram em abril de 1515, conduzidos pelo mesmo Albuquerque, já então governador da Índia, que reconstruiu o Forte de Nossa Senhora da Conceição de Ormuz, e estabeleceu a suserania portuguesa, subordinada ao Estado da Índia, tendo esta suserania permanecido por mais de cem anos.

Na verdade, a tentativa de domínio português no Golfo Pérsico no século XVI fazia parte da estratégia de cercar e atacar o Império Otomano pela retaguarda, conquistando no Oriente os seus principais bastiões. Usando esta forma de pressão, julgavam que os turcos arrefeceriam na região do Mediterrâneo, o que facilitaria seu comércio. Os portugueses, entretanto, não contavam com a traição posterior de outros europeus, ingleses e holandeses, que através das Companhias de Comércio, ali no Oriente aliadas aos muçulmanos, juntaram-se para combatê-los e conseguiram o fim de sua estada.

No entanto, é preciso lembrar que a chegada dos portugueses ao Golfo Pérsico, no século XVI, alterou as relações de poder locais, pois se estabeleceram na região dos atuais Emirados e construíram ou fizeram construir fortes, na cidade de Julfar (1515-1622) e em outros portos como Corfação (Khor Fakkan, 1666), Libedia (Badiyah, 1623), Quelba (Kalba), Doba (Diba al Hisn) e Mada (Mahdah).

Fora as situações nesta região que abrange também o Omã, ainda colocaram suas instalações no Barhein, no Qatar e no Kuwait, e do outro lado do Golfo chegaram até Isfahan.

Como toda intervenção estrangeira, ela trouxe problemas sérios e muito sofrimento para as populações locais, inserindo e tentando modificar costumes e tradições. Foi um impressionante sistema militar-comercial que foi sendo destruído ao longo de todo o século XVII, devido a sucessivas investidas de persas, turcos, ingleses e holandeses, além de tribos locais, insatisfeitas com as imposições do cristianismo português, mais severo do que o dos outros parceiros europeus.

Mas durante o período que se seguiu à tomada das posições, os portugueses estabeleceram um florescente comércio com os persas, atuais iranianos, e outras regiões do Golfo, importando grandes quantidades de têxteis, pérolas, incensos e outros produtos da região. A estes produtos juntavam-se aqueles de regiões vizinhas, principalmente da Ásia, que já tinham Ormuz como centro de trocas. Muitas destas importações não só enriqueceram o comércio português da época, como proporcionaram a Portugal um enriquecimento patrimonial com coleções representativas das culturas locais.

O Forte de Queixome, localizado ao norte da ilha de Qeshm, no Estreito de Ormuz, atual República Islâmica do Irã, foi erguido para supervisionar as operações comerciais portuguesas na área, e sobretudo para apoiar o vizinho Forte de Nossa Senhora da Conceição de Ormuz, e seus vestígios constituem um importante testemunho da presença portuguesa na região do Golfo Pérsico entre os séculos XVI e XVII.

FERNANDA DE CAMARGO-MORO

Entre 1999 e a primavera de 2000, uma campanha conduzida pelo arqueólogo Ehsan Yaghmayi trouxe à luz três das quatro muralhas da fortificação histórica portuguesa de Queixome. No entanto, o tremor de terra que atingiu a ilha em novembro de 2005 destruiu uma parte do lado oriental da muralha da antiga fortificação, que após escavações tinha sido colocada a descoberto, permitindo identificar pedaços de pratos de porcelana chinesa, vidros venezianos e canhões.

Se nos primeiros tempos as lutas pela posse das terras tinham oponentes locais, no contexto da dinastia Filipina, isto é, entre 1580 e 1640, as possessões portuguesas em todo o mundo se tornaram alvo de ataques dos inimigos da Espanha. Após a queda do Forte de Queixome, uma flotilha persa com mais de 3.000 homens e o apoio de seis embarcações britânicas fez cerco ao Forte de Ormuz (fevereiro de 1622). Os persas ofereceram ao comandante português daquela praça a ilha de Qeshn em troca de 500.000 patacas e o porto de Julfar, na costa da Arábia, recém-conquistado aos portugueses por uma força combinada de árabes e persas. A oferta, entretanto, foi recusada e, em poucos meses, a ilha de Ormuz foi perdida para os persas e seus aliados ingleses. A guarnição e a população portuguesa na ilha, cerca de 2.000 pessoas, foi enviada para Mascate, hoje capital do Sultanato de Omã.

Analisando o lado persa, observamos que o Xá Ismail I, que estava tentando se opor ao Império Otomano em algumas de suas fronteiras, foi incapaz de salvar Ormuz das mãos portuguesas até que Abbas I, o Grande, finalmente ficou em condições de expulsá-los do Golfo com a ajuda dos britânicos. O porto de Ormuz passou a se chamar Bandar Abbas homenageando o Xá (Shah) Abbas I.

Na época os britânicos também competiam na região com os exploradores holandeses que finalmente tiveram êxito ao invadir a ilha de Qeshm e mantiveram navios de guerra em Bandar Abbas até os últimos anos do reinado de Xá (Shah) Abbas. O governo persa foi incapaz de se defender deste ataque. Contudo, com a deterioração das relações entre os britânicos e os holandeses, as tensões militares aumentaram cada vez mais até que estes últimos finalmente deslocaram sua base para a ilha de Kharg.

Todo este movimento britânico e neerlandês era sustentado pelas poderosas companhias de comércio com o Oriente, tanto a inglesa como a holandesa, que agiam drástica e intensamente em toda a região, deixando de lado a harmonia dos primeiros tempos.

Porém Mir Mahna, governador da ilha de Kharg, finalmente foi capaz de bater as forças holandesas, deixando os britânicos como únicos mestres de toda a região. Logo, estes tomaram o controle de todo o Golfo Pérsico através dos seus interesses na denominada Companhia Britânica das Índias Orientais, e adotaram uma política que procurava incentivar a autonomia de cada local a fim de preservar qualquer unificação capaz de ameaçar seus estabelecimentos. Esta oposição à unificação será também a tônica do futuro relacionamento dos britânicos com os estados da margem ocidental do Golfo.

Após a Primeira Guerra Mundial, com a descoberta do petróleo no Golfo, a importância da região aumentou. Bandar Abbas, sendo uma cidade portuária iraniana situada ao sul da margem oriental, passou a ocupar uma posição estratégica sobre o Estreito de Ormuz, da mesma forma que do outro lado a península omanita de Musandam. O estreito controla toda a passagem das cargas que transitam pelo Golfo, onde os hidrocarbonetos substituíram na maior parte os produtos do comércio antigo entre o Golfo, a Mesopotâmia e o Vale do Indo.

Mencionada por Marco Polo e sempre observada por seu potencial, a ilha de Qeshm, nas margens iranianas do Golfo, sempre foi um anexo importante do reino de Ormuz. Ela fora poupada pelas invasões mongóis, mas os portugueses ali construíram importantes fortificações militares a partir de 1507, onde permaneceram até quase o fim. Durante as três primeiras guerras anglo-holandesas, a frota da VOR, a companhia neerlandesa das Índias Orientais, atacou regularmente a ilha. Como já citado, os holandeses ocuparam-na em 1645, mas depois a trocaram por Kharg, de clima mais suportável por ser menos úmido.

Após a morte de Nadir Shah em 1747, a dominação iraniana sobre o Golfo Pérsico diminuiu e tribos árabes expansionistas terminaram por conquistar a ilha em 1760.

Tendo por meta parar a hegemonia do Irã sobre o Golfo, os britânicos construíram, em 1820, um forte em Qeshm e uma base naval em Basaidu, chamada Bassadore nos relatórios britânicos da época. Porém, já em 1882, entravam no âmbito dos acordos com os Estados árabes da região. Os britânicos, ainda devido ao clima, mais tarde também se deslocaram para as instalações militares de Kharg.

Quando eles restituíram a ilha ao Irã, em 1935, esta se tornou um pomo de discórdia entre o Irã e os Estados árabes da margem ocidental, ainda mais especialmente quando jazidas petrolíferas foram ali descobertas. O direito à extração do petróleo caminhava lado a lado com a luta pelas fronteiras marítimas.

Depois da revolução islâmica de 1979, Qeshm perdeu um pouco da importância até ser declarada zona franca em 1989.

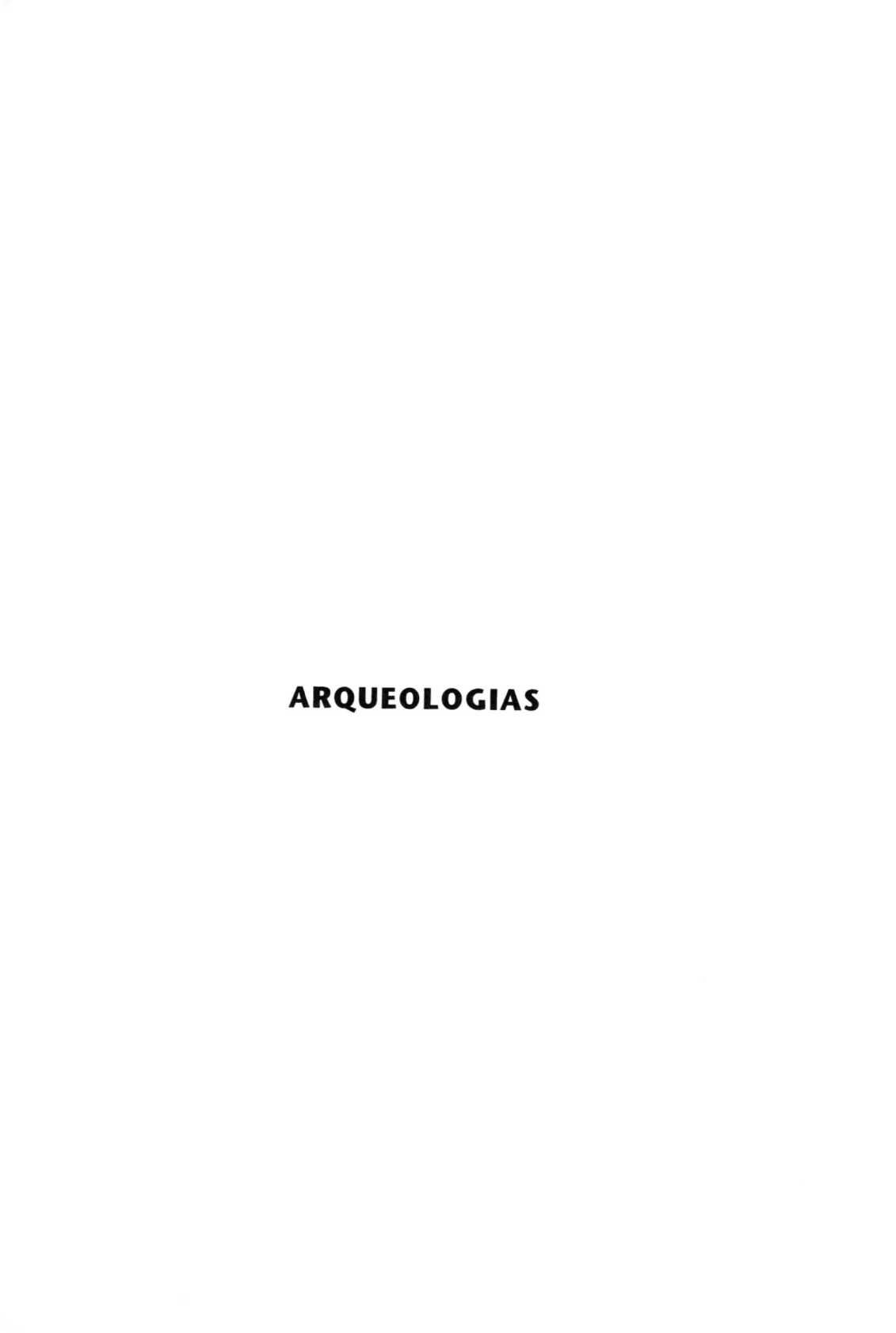

ARQUEOLOGIAS

Parte 1 *Através da arqueologia, a construção da História*

Uma visão dos primeiros tempos:
Das aldeias pesqueiras do litoral e o nascimento
dos oásis à expansão comercial

A atividade arqueológica foi iniciada tardiamente na margem árabe do Golfo, pois as primeiras campanhas datam apenas da metade dos anos 1950, quando o interesse sobre sua história progrediu graças aos seus governantes locais. Estes se interessaram cada vez mais em reconstituir seu passado, assegurando assim a legitimidade de suas terras, cujas fronteiras ainda eram contestadas. Seria, portanto, da maior importância atestar a precocidade e a continuidade da presença humana numa região que durante muito tempo fora considerada deserta. Com as pesquisas realizadas, já se sabe que os mais antigos estabelecimentos humanos ali identificados, os acampamentos de pescadores, têm sua origem estabelecida entre o VI e o IV milênio antes da era atual.

Em boa parte, o desconhecimento arqueológico que perdurou por muito tempo deve ser atribuído ao atraso inicial dos trabalhos, juntamente com a pouca quantidade de textos conhecidos que fossem anteriores à conversão ao Islã. Os existentes, produzidos pelas civilizações mesopotâmicas, apesar de mencionarem esta região não o fizeram antes do II milênio a.C., e, além disso, eram freqüentemente compostos de informações esporádicas que durante muito tempo pareceram obscuras.

Todas estas razões fizeram com que o quadro histórico estabelecido pelos arqueólogos não se pautasse apenas nos períodos universalmente estabelecidos, e passasse também a anexar a nomenclatura dos sítios similares explorados, que geralmente tomaram o nome dos lugares dos primeiros achados.

Se certas nuances do passado do Golfo para alguns ainda podem parecer envoltas em bruma, acrescenta-se que, em boa parte, isto é devido à tentativa arbitrária e costumeira, por parte de alguns especialistas mais rígidos, de se salvaguardarem atrás de períodos de designação generalizada, estabelecidos em relação à Europa, mas que constantemente não satisfazem as características locais.

O prelúdio pré-histórico: as glaciações e suas resultantes

Os primeiros sinais de ocupação humana na região ocidental ao longo do Golfo foram em suas margens, que só depois de milhares de anos adquiriram o contorno atual.

Há cerca de dezesseis milhões de anos, o Golfo Pérsico tinha um formato mais fechado, apresentando um aspecto parecido ao de um rio, e o litoral do Golfo de Omã era de 100 a 150m mais baixo do que atualmente.

Com o fim da última glaciação, cerca de 8.000 anos atrás, o deságüe fez com que o nível dos mares começasse lentamente a se elevar, sendo provável que nesta região tenha atingido as margens atuais há cerca de 3.500 anos. O oceano as modelou, proporcionando uma grande quantidade de paisagens, que vão das *sabkas*, planícies costeiras ao longo do mar, aos wadi submersos, únicos no mundo, e às brancas falésias da península de Musandam, atualmente um enclave do Sultanato de Omã nas terras dos Emirados.

Foi também a origem dos belos khors, um tipo de enseada estreita que penetra na terra, além de lagunas, verdadeiras salinas costeiras, e de canais de água salgada onde crescem os manguezais que se elevam nas vizinhanças da maior parte das capitais dos Emirados.

Indiretamente, o oceano também é creditado como autor das gigantescas dunas do interior hoje desértico, cujos materiais são de origem sedimentar. Elas foram acumuladas pelo vento forte da última glaciação, a partir dos territórios que as águas do mar tinham abandonado.

Com o avanço das águas e o aquecimento da terra, o regime das chuvas também se modificou, pois mesmo que a península arábica sempre tenha conhecido um clima dominantemente árido, o interior de Omã conheceu numerosos lagos que lentamente secaram. Entre Mascate e Al-Fujayrah, atravessei a planície de Al-Batinah, o terreno plano que tomou o aspecto árido que existe até agora, diferindo do maciço escarpado do Djebel Beni Jabir, ao sul de Mascate, no Omã, que testemunhou os tempos em que a erosão fluvial era mais intensa e sistemática.

A diversidade ambiental desta região foi a causadora de um grande leque de espécies vegetais e animais, e assim ainda são encontrados no mar conchas, tartarugas, corais, crustáceos e uma enorme quantidade diferenciada de peixes; nos manguezais, é a vez de uma profusão de aves não só vernaculares, mas também migratórias, assim como, na sua vizinhança, prolifera a caça de pequeno porte, diferenciada dos animais do deserto.

Nas regiões desérticas, mesmo antes do cultivo, o solo já era propício à cultura, como na Mesopotâmia, no tempo em que descreve Heródoto, e que hoje reconhecemos que mesmo sem pastagens ricas e sem pesticidas eram obtidos resultados da melhor qualidade, permitindo ao homem com facilidade se instalar na região.

A penetração humana

Como sempre acontece nas regiões costeiras, os primeiros traços humanos foram marcados pelos restos alimentares, principalmente os enormes montes de casca de moluscos deixados pelas comunidades de pescadores e de coletores de conchas desde o Kuwait e a Arábia Saudita até Omã. Quanto aos primeiros estabelecimentos nos Emirados, provavelmente foram na ilha de Marawah, datando da idade da pedra, isto é, cerca de 5500 a.C., época em que o clima mais úmido e menos árido do que hoje fazia com que a caça, principalmente as gazelas e os órix, abundasse na savana, nos prados vizinhos, e mesmo nas regiões muito arenosas, onde os homens sempre encontravam do que subsistir.

Longe de ser desértica e inóspita, esta região possuía solos e cursos de água que ofereceram aos seus primeiros habitantes uma enorme variedade de recursos exploráveis e propícios a um desenvolvimento econômico. Nessa época, o nível das águas do Golfo excedia em cerca de 50cm seu nível atual e os primeiros habitantes conhecidos nos Emirados, além de bons pescadores, eram também eméritos guardiões de rebanhos, e fabricavam instrumentos de pedra.

Se no inverno eles, possivelmente, viviam ao longo das costas e nas ilhas, sustentando-se da pesca, coleta de mariscos e também da troca das surpresas bonitas e brilhantes que encontravam nas ostras, no verão se deslocavam para o interior das terras onde tinham atividades pastoris, e mais tarde também agrícolas. Esta utilização sazonal dos recursos subsistiu ao longo de toda a história da região.

Primeiras ligações com a Mesopotâmia

Mesmo tendo vivido de certa forma mais isolados, estes primeiros habitantes, no entanto, deixaram numerosos vestígios dos seus contatos com o mundo exterior, sobretudo com civilizações que habitavam mais ao norte, no sul da Mesopotâmia, atual sul do Iraque, de onde foram trazidas cerâmicas pintadas, do tipo Obeid (Ubaid), que marcaram com firmeza cronológica o intercâmbio entre essas regiões.

Artefatos de pedra também utilizados por estes primeiros habitantes emirati foram encontrados em dúzias de sítios entre Ghagha no Abu Dhabi e Khatt, a 40km de Dubai. No entanto, ainda não foram muitas as aldeias escavadas. Entre elas, a mais impressionante é a já citada da ilha de Marawah, além de vários outros sítios que possuem vestígios habitacionais de época antiga, como mostram os estudos arqueológicos ambientais em Khor al-Manahil e Kharimat Khor al-Manahil, aldeias neolíticas das regiões hoje desérticas do sudeste do Abu Dhabi, que confirmam as modificações climáticas.

No atual Sultanato de Omã, nas proximidades de Mascate, o sítio de Ras el-Hamra, datado de cerca de 3000 a.C., revelou a existência de uma sociedade cujas economia e cultura eram intensamente ligadas ao mar. Como as escavações deixam ver, o habitat consistia em pequenos grupos de cabanas cujas fundações de pedra tinham forma arredondada. Nas vizinhanças imediatas, túmulos cavados no solo e fechados com pedras guardavam objetos que atestam uma elaborada indústria lítica estreitamente ligada ao mar, com bifaces de pedra lascada, jóias, vasilhas de pedra ou de concha e carapaças de tartarugas marinhas.

Materiais semelhantes também foram encontrados na costa dos Emirados, particularmente em Umm al-Qaiwain e Hamriyah, perto de Sharjah. Estes ainda apresentaram como elemento suplementar pedaços de louça análogos àqueles da civilização El-Obeid, que se estendeu na Baixa Mesopotâmia, cujo nome provém de um pequeno túmulo descoberto não longe da cidade de Ur, e que como cultura durou das proximidades do VI milênio a.C. até cerca de 3700 a.C. Entretanto, apesar de se ter conhecimento da vasta extensão coberta por esta cultura, cujos testemunhos se estendem por uma área que vai do norte da Mesopotâmia ao seu extremo sul, até hoje não se sabe se esta unidade cultural correspondeu a uma unidade política.

Contudo, outros cacos de cerâmica encontrados também comprovam a comunicação ativa entre as comunidades do Golfo e as das vizinhanças do Oceano Índico, além daquela com o núcleo de civilização Obeid marcado pela difusão de sua cerâmica, e de seus princípios de arquitetura, cujos vestígios surgem desde as terras dos atuais Síria e Irã até o Vale do Indo.

É uma pena que até hoje se ignore com exatidão os produtos pelos quais esta antiga cerâmica mesopotâmica era trocada, e qual das rotas era usada nesta troca, ainda que também tenham sido descobertos vestígios similares na ilha de Dalma, no Abu Dhabi, o que, pela profusão de achados, deixa mais uma vez supor que naquela época os habitantes dos Emirados já fossem competentes marinheiros.

FERNANDA DE CAMARGO-MORO

Período Hafitiano e o aparecimento de habitações sedentárias no interior

Alguns sítios de pescadores-coletores descobertos na vasta margem ocidental do mar das pérolas atestam um período de ocupação que se prolongou até o fim do IV milênio antes da nossa era. Contudo, por volta de 3500 a.C. já surgiam os primeiros oásis cultivados e habitados de modo sedentário no piemonte ocidental da cadeia de montanhas Hadjar no Sultanato de Omã, região hoje acavalada entre este Sultanato e o Emirado do Abu Dhabi. Nas proximidades, datando do final do IV milênio (cerca 3100-3000 a.C.), em dois sítios dos Emirados, no Djebel Hafit, surgem túmulos de pedra bruta construídos acima do solo, denominados túmulos Hafit, entre os quais Mazyad, perto de Al-Ain. Além disso, os ritos mortuários se alteraram e se constata que os túmulos comuns se fizeram mais longos e estreitos como os da vizinhança de Ras al-Khaymah.

As centenas de armas encontradas nestes túmulos, espadas, arcos e flechas, bem como centenas de pontas de flechas lanceoladas de bronze vazado, apresentando uma nervura dorsal aplainada, sugerem certa evolução da tecnologia guerreira durante este período. Outros objetos, como placas de ouro e electrum que representam dois animais lado a lado, com o rabo dobrado em espiral, confirmam uma prosperidade local, provavelmente em parte devido ao cobre da região, que transitava por Dilmun (Bahrein), antes de ser exportado para os países mais longínquos. Ao mesmo tempo, a quantidade de recipientes de pedra tenra depositada nos túmulos aumentou consideravelmente e apareceram novas formas e novos motivos de decoração, o que indica a penetração de outras culturas.

Ainda na vizinhança deste período, as sepulturas comuns encontradas ao sul do oásis de Dhaid, no interland do Sharjah, continham cerâmica do tipo Jamdat Nasr (3300-2900 a.C.), proveniente das partes central e meridional da Mesopotâmia. A descoberta de outros objetos importados prova a existência de ligações com outras regiões, o que parece afirmar a existência de materiais que indicam também laços com outras religiões, demonstrando que o comércio do cobre extraído dos Montes Hajar motivou estas trocas com o mundo exterior

Os primeiros textos arcaicos de Uruk (3400-3000 a.C.), na Mesopotâmia meridional, já mencionavam o "cobre de Dilmun", porém se sabe que não havia cobre ali, o que dirige a atenção para a suposição que Dilmun fosse o intermediário, e que este precioso metal tenha vindo de mais longe, possivelmente das jazidas que se estendiam do norte do Omã até Al-Fujayrah.

O aparecimento dos oásis — teorias antigas e atuais

Os oásis, considerados essenciais como habitat sedentário, são tão importantes para a agricultura a ponto de se poder pensar que o homem nunca poderia ter vivido na Arábia sem estas reservas de água, de sombra e de vegetais, restos de um paraíso perdido, isto é, desde o tempo em que o deserto era verde. O oásis de Dhaid, por exemplo, hoje é um grande centro agrícola, e a plantação de morangos ali existente produz frutos de excelente qualidade.

Na primeira metade do século XX, Gordon Childe, um dos grandes especialistas em pré-história, escreveu uma "teoria do oásis", segundo a qual a agricultura e a criação teriam aparecido precisamente quando a desertificação crescente no mundo oriental teria concentrado humanos, plantas e animais perto dos pontos de água ainda restantes. As novas descobertas, porém, contrariam comprovadamente esta teoria trazendo informações que demonstram que os oásis não são refúgios legados por uma natureza em via de empobrecimento, mas ambientes criados pelo trabalho dos homens junto às possibilidades de obter água, em condições históricas bem específicas.[4]

Como citam os especialistas Cleziou e Lorenzo[5], os oásis participam da resposta das comunidades humanas a esta degradação do meio que exploravam havia vários milênios. Eles respondem à rarefação dos recursos através de uma exploração mais intensiva e mais produtiva, na segmentação crescente no espaço e no tempo, através do desenvolvimento de método de conservação e de um sistema de trocas regulares.

Esta nova visão leva, então, a se considerar que, enquanto na costa houve uma especialização da pesca e o tratamento de certas espécies através de secagem, salgadura e defumação, associados por conta de seus leitos de ostras à pesca de pérolas, no interior houve a criação de um território, regularmente suprido de água e protegido dos rigores da intensa insolação — os oásis.

Com os oásis e as aldeias pesqueiras em pleno funcionamento, um outro acontecimento que caracterizou o início do III milênio antes de nossa era foi a intensificação dos contatos entre o mundo mesopotâmico e as populações do Golfo, do Oceano Índico e do Vale do Indo. Com o desaparecimento da civilização de El-Obeid, os diversos grupos se espalharam, porém continuaram se comunicando através do comércio, que conheceu uma poderosa acentuação por volta do ano 3000 a.C., prosseguindo até 1300 a.C.

[4]Cleziou, Serge — *Les Oasis de l'Arabie.*
[5]Cleziou, Serge e Constantini, Lorenzo: À l'origine des oásis, in *La recherche,* número 137, Paris, 1982.

Desta vez os textos vieram em socorro dos arqueólogos. Os tabletes de argila sumérios evocam uma fabulosa montanha de cobre no país de Magan, e também citam as ligações com dois outros lugares: o país de Dilmun, no Golfo, e o país de Meluha, uma região rica em estanho no Vale do Indo, isto é, principalmente no atual Paquistão, onde corre este rio.

A comprovação das trocas encontradas nas escavações arqueológicas novamente enriqueceu os historiadores, e curiosamente coincide com textos mitológicos descritos num antigo tablete de argila em escrita cuneiforme.

A metalurgia do bronze e o desenvolvimento do comércio

No período de transição do IV ao III milênio a.C., a Baixa Mesopotâmia havia desenvolvido a metalurgia do bronze, que na forma mais simples é uma liga do cobre com o estanho. Porém, o cobre lhes fazia falta, e após terem conhecido e utilizado, direta ou indiretamente, as importantes minas de cobre do Irã, eles se viraram para as fabulosas jazidas do país de Magan, de onde o cobre era encaminhado de barco para Dilmun, situado entre os atuais Catar e Arábia Saudita, e o norte dos atuais Emirados Árabes Unidos.

Dilmun era um país surpreendente, formado por um arquipélago, que chegou ao apogeu entre 2300 e 1800 a.C. Na época, considerada, na forma tradicional, como do Bronze Antigo, sua presença nas trocas comerciais foi intensa, provendo a Mesopotâmia com seus produtos, tais como carapaças de tartaruga, pérolas e tâmaras de grande qualidade, além de participar ativamente como meeiro das trocas da região. Seu sucesso econômico fez com que em 2000 a.C. Dilmun tenha passado a colonizar a ilha de Failaka, na costa do Kuwait, lugar muito estratégico que mais tarde viria a ser o empório de Ikaros, dependente de Thylos.

O deus Enki e a organização do comércio no Golfo

Entre os textos poéticos dos tabletes de argila existe o relato do mito sumério da criação do mundo que conta como Enki, o deus da sabedoria dos sumérios, organizou o mundo determinando um papel para cada um dos seres vivos e providenciando benefícios em certos lugares. O mundo teria sido organizado em torno do país de Sumer, mas depois se estendeu proporcionando aos países em volta a posse de diversas riquezas.

O texto é iniciado com Enki fazendo da cidade de Ur um grande porto aberto sobre o Golfo de onde provinham os bens do mundo inteiro. Depois, ele partira para o longínquo país de Meluha no Vale do Indo, nesta época o centro da poderosa civilização harapiana, e extremidade oriental do comércio com Sumer, que ali foi abastecido de ouro, estanho e também de produtos agrícolas. Depois, Enki fez meia-volta e se dirigiu a Dilmun, onde assumiu o papel de grande organizador, como demonstra o belo tema do mito das águas que envolve Enki e Ninhursag, e, numa solução de continuidade com o anterior, traduz o aparecimento das suas misteriosas águas doces.

Continuando, o mito da criação relata como de Dilmun mandou exportar cereais e tâmaras antes de partir para o Irã, mais particularmente para o Elam, que produzia pedras e metais. Depois de todo este trabalho na bacia do Golfo, Enki atravessou a Mesopotâmia para atingir a Síria, país dos martu (amoritas), que eram célebres por seus rebanhos.

Assim, o mundo foi organizado por Enki em volta de Sumer, provendo este país de bens de que não dispunha em seu solo, e instalando seus quadros políticos e econômicos no espaço da rota de comércio da região. Numa segunda parte, o deus designa uma tarefa para cada um dos deuses, estabelecendo uma longa enumeração onde são passados em revista todos os domínios da civilização mesopotâmia. Enki, portanto, não foi apenas aquele que organizou o mundo, mas também o que escolheu e designou o papel de cada um dos deuses.

Este mito traduz simbolicamente o que se passou na região ao ser desenvolvido o intercâmbio comercial entre Dilmun, as margens do Golfo, Magan, Meluha e o país de Sumer.

A arqueologia comprova o mito

Durante muitos anos as montanhas de Magan, hoje no Omã, serviram de fonte de aprovisionamento de cobre e pedras ornamentais. Relativamente abundante, cerca de quatro mil toneladas de cobre foram produzidas entre 2500 a.C. e 2000 a.C., pois ali existia facilidade de exploração ditada pelo clima seco que deixa nuas as rochas onde aflui o mineral. O desenvolvimento da exploração do metal vermelho fez com que, além da exportação, o excedente provocasse também ali o nascimento da metalurgia.

Sítios do III milênio, como a mina de Maysar, no vale do Wadi Samar (perto de Niswa no Omã), ou a de Lasail, perto do Wadi Jizzi, permitiram encontrar antigos fornos, moldes de pedra, bigornas, machados e diversos objetos de adorno. Tendo sido ainda mencionada por viajantes do fim da Idade Média, esta atividade caiu em desuso no final do século XIX, da mesma forma que a exploração das minas, em proveito da importação de cobre barato de Bombaim (Mumbai), na Índia.

Este período também se distingue pelos túmulos coletivos em forma de torres encontrados nos mais diferentes lugares, tanto na borda do mar como no interior, sempre agrupados e ocupando lugares espetaculares como a saída dos wadi, o alto das colinas, o cume de montanhas. Alguns em forma de *cairn,* isto é, de amontoado artificial de pedras, outros como colméia, sendo alguns deles, como já citado, na região do Djebel Hafit, cuja importância fez com que este período mais antigo fosse assinalado como *hafitiano*. Estes monumentos mostram bem a homogeneidade cultural de Al-Ain, onde este Djebel se situa, com a parte fronteiriça de Omã.

Umm an-Nar, o primeiro sítio escavado e suas características

O período seguinte, que vai mais ou menos de 2500 a.C. a 2000 a.C., tomou o nome do sítio arqueológico encontrado em uma pequena ilha do Abu Dhabi, *Umm an-Nar,* que significa "lugar do fogo". Ali foi realizada uma das primeiras escavações arqueológicas emirati, cujas características deram nome ao período, mas nos dias de hoje este sítio se avizinha de uma refinaria de petróleo, da qual é completamente isolado.

Datam desse período imensas construções de 16 a 40m de diâmetro que podiam receber centenas de despojos acompanhados de seus artigos funerários. Algumas pedras, de alguns metros de altura, são decoradas com relevos gravados nas partes externas, onde são reconhecidos animais selvagens e domésticos, principalmente dromedários, indicando uma possível domesticação. Algumas destas tumbas podem também ser encontradas no parque arqueológico de Hili, nas proximidades de Al-Ain, no Abu Dhabi, onde o clima árido que reina hoje já começara a se instalar por volta de 3000 a.C.

O período foi caracterizado pelo aparecimento de numerosas cidades-oásis, como Hili, Tell Abraq, Bidiya e Kalba, dominadas por fortalezas circulares maciças. Estas colônias essencialmente agrícolas foram possíveis graças à cultura das tamareiras (*Phoenix dactylifera*), árvores sagradas que, também, proviam a sombra necessária para a cultura de plantas menos resistentes como os cereais, os legumes, além de outras árvores frutíferas. A água era disponível graças aos numerosos poços alimentados pela água suave proveniente das aberturas pouco profundas e relativamente abundantes, presentes em grande parte dos atuais Emirados.

Para os enterramentos, eram usados túmulos redondos feitos de blocos de pedra finamente montados, cuja reconstrução muito bem realizada tive a oportunidade de ver em Hili. Estas sepulturas acrescentam ainda à sua importância os objetos nelas encontrados, que testemunham o grande desenvolvimento dos contatos entre a Mesopotâmia, o Irã, o Vale do Indo, o Baluquistão e a Bactriana, hoje Afeganistão.

Um fato revelador, que aparece nos textos mesopotâmicos desta época, é que a região denominada Magan provoca fortes suspeitas, pois certas torres do período Umm al-Nar poderiam ter sido os bastiões dos Senhores de Magan, que vários imperadores acadianos, isto é, de Acad, na Mesopotâmia meridional, haviam combatido durante o século XXIII a.C. Ainda desta mesma época, foram também encontrados numerosos vestígios da primeira utilização intensiva do cobre dos Montes Hajar.

O que é certo é que, depois de 2300 a.C., o bronze, liga de cobre e estanho, foi cada vez mais empregado para a fabricação de artefatos. Todavia, no fim deste milênio, uma outra indústria bem especial também se desenvolveu: a de recipientes em pedra tenra, para a confecção de jarras e caixas compartimentadas, inteiramente decoradas. E com isso houve maior variedade e sofisticação na confecção de objetos. Isto pode ser demonstrado através das ricas coleções do Museu Nacional de Ras al-Khaymah, ao norte de Dubai, e de Sharjah, que, abrangendo diversos períodos entre o V milênio a.C. e um passado recente, demonstram como o lugar foi muito habitado e evoluiu devido à existência de águas doces combinadas com a planície fértil e as minas de cobre ao longo das montanhas de Hajar.

Wadi Sûq — um final da Idade do Bronze

O final da Idade do Bronze (2000 a.C. a 1600 a.C.), conhecido como período de Wadi Sûq, também acrescenta importância para a história da região, pois, por trás deste oásis fértil no sopé das montanhas, os arqueólogos encontraram diversos cemitérios desta época. Em Shimal, um dos maiores cemitérios pré-históricos descobertos em Omã, foram achados túmulos de caráter megalítico, usados como jazigos comunais. A cultura material ali encontrada é bem diferente, e compreende copas pintadas e jarras repuxadas, vasos de pedras macias e itens de bronze, tais como anéis, broches e punhais.

No final do II milênio a.C., a domesticação dos camelídeos revolucionou a economia da Arábia sul-oriental, criando novas possibilidades de transporte. Ao mesmo tempo, a descoberta dos princípios de irrigação repousados sobre a utilização de redes subterrâneas para transportar a água entre os aqüíferos montanhosos e os jardins abaixo (irrigação por *falaj* — plural *aflaj*) permitiu o desenvolvimento agrícola que provocou uma explosão demográfica na região. Uma série de informações sobre as populações que ergueram grandes monumentos chegou pelas investigações arqueológicas realizadas. Ali foram encontradas tanto louças trazidas da Mesopotâmia, do Vale do Indo e do planalto iraniano, quanto objetos de fabricação local, entre eles vasos de pedra muito tenra, armas de bronze, ornamentos de pérolas e conchas que, submetidos a estudo, atestam seu uso na época, além de servirem de elementos de troca.

Novas mudanças — o II milênio

Se grande parte dos sítios do III milênio, como alguns de Al-Ain, continuou habitada no milênio seguinte, a arquitetura e os artefatos conheceram mudanças importantes, pois datando do início do II milênio também foram encontrados dois outros tipos de túmulos. Os primeiros são redondos de menor tamanho (3 a 4m de diâmetro), com uma câmara funerária central e subterrânea dividida em compartimentos, como se pode visitar entre Al-Ain e Sohar, o porto onde, segundo a lenda, teria nascido o marinheiro Simbad.

Os segundos possuem uma arquitetura funerária de forma retangular e estreita, como a encontrada no litoral do Golfo, perto de Ras al-Khaymah. Em ambos os tipos de sepultura desta época é bem marcante a leitura sobre o incrementado comércio da região.

A Idade do Ferro, sua datação e o uso posterior deste metal

Esta época se situa aproximadamente entre o reinado de Ramsés II e o de Alexandre Magno (1300 a.C. a 300 a.C.), ambos grandes conquistadores do Oriente, que sem invadirem a margem arábica do Golfo estabeleceram relações com suas diversas populações. Foi também a época da invasão dos cassitas, que, já instalados na Mesopotâmia, apossaram-se de Dilmun e se alastraram naquela região, ambicionando sua prosperidade.

A posição de Dilmun no meio do Golfo fazia com que participasse assiduamente de todas as rotas comerciais, e, além disso, o lugar recebera como dádiva da natureza um fenômeno geológico característico, pois a quantidade de reservatórios aqüíferos situados nas profundezas da península arábica ali atingem a superfície sob a forma de abundantes fontes artesianas.

As duas ilhas principais, Bahrein e Manama, beneficiam-se assim de um segundo mar, o que lhes dá nome de *país dos dois mares*.[6] Sua localização, somada ao seu meio ambiente atrativo, possibilitou que, desde a Idade do Bronze, controlassem sabiamente o comércio do Golfo, sobretudo impondo um papel de mediadores, além de terem criado uma civilização muito característica.

Foram essas benesses que atraíram os cassitas que, já estando na Mesopotâmia, deram novo passo para se apossar da produtiva região.

O crescimento demográfico no Golfo foi grande em toda a chamada Idade do Ferro, quando ali foram construídas muitas habitações e as aldeias se espalharam em maior profusão pelas margens e pelo interior. Ao visitar os sítios de Hili II e Rumeilah, nota-se um sensível avanço: pequenas aldeias colonizaram os vales formados pelos wadi, e fortificações passaram a coroar o alto das colinas. Como anteriormente, cerâmicas e vasos de pedra tenra, existentes nas construções locais, comprovam mais uma

---

[6]Demonstrado no mito sumério-dilmuniano de Enki e Ninhursag.

vez a amplidão do comércio, que se estendera ainda mais, integrando-se ao do Mar Vermelho e ao Mediterrâneo, bastante fomentado pela rota do incenso, que participou efetivamente do desenvolvimento da região.

Usando o nome universal de Idade de Ferro, embora o ferro, nessa época, não tenha sido ali muito empregado, uma das características interessantes do período é a amplitude dos recursos alimentares. Os peixes e crustáceos continuaram a ter um lugar importante, mas também eram consumidos carneiros, cabras e bovinos que criavam. A caça era desenvolvida e dela faziam parte gazelas, órix e cormarões, além das abundantes tartarugas e alguns dugongos. Havia o cultivo do trigo e da cevada, e a presença da tamareira continuava proeminente.

Acredita-se que uma forma de governo centralizado ali se instaurou durante este período. Uma inscrição cuneiforme de Nínive, capital da Assíria, na Mesopotâmia do norte, refere-se a pelo menos um "rei" na região nessa época, um certo Pade, rei de Qade, instalado em Is-ki- (hoje Izki, no Sultanato de Omã), e que teve que pagar um tributo ao imperador assírio Assurbanipal. Além disso, começou a fabricação de selos, o que faz supor certo controle político e econômico exercido por um organismo central. Existem também provas de trocas com o estrangeiro e um *pendentif*, encontrado em Tell Abraq, que representa um barco munido de uma vela latina — a mais antiga imagem deste tipo até agora dá algumas indicações sobre a forma como estes contatos eram realizados.

No final do século VI a.C., sob a direção de Dario, o Grande, o Império Persa estendeu sua influência até a região que se chamava Maka, no Djebel al-Emalah, ao sul do oásis de Dhaid, onde foram encontrados os mais antigos *aflaj* e hoje estão alguns dos mais modernos destes elementos de irrigação.

FERNANDA DE CAMARGO-MORO

Nos Emirados, perto da cidade de Al-Dgaid, a 50km do Emirado de Ajman, próximo a Umm al-Qaiwain, onde o sítio de Ad-Dour devia ser o porto de Mileiha, e no sítio deste nome foram encontrados ânforas originárias da ilha de Rodes, moedas cunhadas com o timbre da cidade, objetos procedentes de muitos lugares do Oriente Médio e Oriente Próximo, além de tumbas de camelídeos sacrificados. Isto dá uma solução de continuidade às comprovações da expansão comercial da região, confirmando mais uma vez este intercâmbio também com o Mediterrâneo.

Parte 2 E a história continua

No século III a.C., a Arábia sul-oriental foi liberada de qualquer dominação estrangeira. As conquistas de Alexandre Magno não chegaram até a margem árabe do Golfo e nenhum dos seus sucessores selêucidas conseguiu se impor na região.

Mleiha, um toque helenístico

O período que vai de 300 a.C. até o ano zero tomou o nome de Mleiha em referência à cidade do mesmo nome, que muito se desenvolveu na época. Situada na planície ao sul do oásis de Dhaid, no interior de Sharjah, esta cidade, numa certa época, sofreu influência helenística, porém tudo leva a crer que essas nuances gregas tardias teriam sido aculturadas apenas através do comércio intensivo.

Anteriormente, a primeira de suas aldeias, datando do final da Idade da Pedra, tinha sido construída com as tradicionais folhas de palma, *arish*, perfeitas para o clima quente da Arábia sudoriental. Os habitantes cultivavam tâmaras e colhiam trigo. Mais tarde evoluíram, passando a enterrar seus mortos em sepulcros de tijolos crus com torres inteiriças, marcadas por ranhuras na pedra, edificações estas que, em sua forma, assemelham-se às torres funerárias de Palmira, na Síria, e aos monumentos mais antigos de Petra, na Jordânia.

Entre os numerosos e mais representativos vestígios arqueológicos datados deste período, podem ser citados artigos importados da Grécia, tais como cerâmica negra esmaltada, ânforas de Rodes, e outros da Arábia do Sul. Entre estes últimos estão estelas de pedras e placas de bronze, com inscrições em caracteres sudarábicos, além de diversas peças de moeda que confirmam esta mesma origem, o que parece comprovar a existência de relações culturais entre as duas regiões. Estes objetos árabes também são passíveis de confirmar a hipótese de uma migração da região iemenita de Azd.

Foi somente a partir deste período que o ferro realmente começou a ser usado com intensidade na região. O museu arqueológico local, construído com o apoio da França, desde 1993 apresenta o resultado das escavações extensas que ali vêm sendo realizadas e que enriqueceram sobremaneira sua história.

Ed-Dur e o esplendor de Omana

A partir do primeiro século depois de Cristo, os novos achados mostraram outras características, estabelecendo um período cultural conhecido como Ed-Dur (0-250 d.C.), mais fácil de reconhecer pela relação estabelecida com obras escritas de grande valor documental. Como em 77 o escritor romano Plínio, o Velho (23/24-79 d.C.), terminou sua *História natural*, esta data serve como excelente baliza para situar o desenvolvimento da Arábia sudoriental, pois em suas descrições ele se refere com bastantes detalhes a lugares e habitantes da região atualmente ocupada pelos Emirados.

Omana, nessa época o porto mais importante do baixo Golfo, era vinculado ao sítio antigo de Ed-Dur em Umm al-Qaiwain, vasta região que contém habitações privadas, túmulos, uma fortaleza e um templo, alguns deles construídos com rochas da costa, bem como vestígios de casas cobertas com *arish*.

Em vez de descer o Mar Vermelho, como fizeram os romanos, certas caravanas vindas do Mediterrâneo tomavam uma pista entre a Síria e as cidades do sul do Iraque, atravessando depois o mar das pérolas até Omana, antes de prosseguirem de barco o caminho para a Índia, como atestam objetos e peças de moedas encontrados quando das escavações na região, e também nas de Muzilis na costa indiana de Malabar.

Mesmo Ed-Dur sendo a localidade principal deste período, outros sítios de menor importância se estabeleceram nas ilhas do Abu Dhabi, e a cidade de Mleiha continuou seu caminho de prosperidade. Um chefe conhecido como Abi'el, que tudo leva a crer ter sido um personagem importante nesta região, emitiu grande quantidade de moeda local. Nessa época, as populações de Mleiha e de Ed-Dur já conheciam o aramaico, o que confirmam as peças de moeda e outros objetos gravados que foram encontrados. O *Périplo do Mar da Eritréia*, redigido no primeiro século depois de Cristo, revela que pérolas, púrpura, vestuários, vinho, tâmaras, ouro e escravos eram exportados a partir dos portos do Golfo.

As pérolas, que já eram utilizadas desde a pré-história, continuaram a ser objeto de um comércio cada vez mais lucrativo, muito requisitadas pelos romanos, sendo Ed-Dur um centro de pesca perlífera. Vários achados testemunham esta atividade na região, entre eles um artefato de mergulhador, na forma de sino, e munido do anel de ferro onde o pescador passava a sua corda. Além disso, montões de cascas de ostras perlíferas foram encontrados na entrada de um monumento funerário.

Zoroastristas, nestorianos e crenças pré-islâmicas

Em 240 d.C., a ascensão da dinastia sassânida no sudoeste do Irã contribuiu para espalhar a influência persa na maior parte dos países da Arábia oriental, entre os quais a região dos atuais Emirados, como demonstram as peças de moeda e as cerâmicas descobertas em Ras al-Khaymah, Umm al-Qaiwain e Al-Fujayrah. Durante todo este período, conhecido como pré-islâmico, o intercâmbio comercial prosseguiu em toda a região, incluindo o Oceano Índico, e foram incrementadas as trocas com o Oriente Próximo.

Esses contatos com o mundo exterior também se manifestaram pela diversidade das influências religiosas que coexistiram nessa época: desde as crenças pré-islâmicas, ligadas à natureza e com seus deuses metamorfoseados, ao zoroastrismo sassânida, passando pelo cristianismo nestoriano. Sabe-se que pelo menos um mosteiro nestoriano, ornado de esculturas em estuque e várias cruzes, foi criado em Sir Bani Yas, uma ilha situada ao largo de Abu Dhabi.[7]

---

[7]Farinha, António Dias, "Os Portugueses no Golfo Pérsico (1507–1538). Contribuição Documental e Crítica para a sua História", nº 3, dezembro de 1991, p. 1–159.

É interessante saber que o mosteiro foi mencionado nas fontes européias por volta de 1590, quando o joalheiro Gasparo Balbi listou *Sirbeniast* como uma ilha em volta da qual foram encontradas pérolas. Mais tarde, em 1820 e 1850, foi novamente citado em relatórios de marinheiros britânicos, e nos tempos atuais foram descobertos nesta ilha 36 sítios arqueológicos. Mais recentemente, a ilha passou também a abrigar uma reserva natural. O departamento de arqueologia das ilhas do Abu Dhabi considera que o mais importante nesses sítios é o do mosteiro e igreja nestorianos, que alguns acreditam ter sido fundado por um monge de nome Yona que, segundo a história local, "teria vivido numa ilha ao sul do Qatar e leste da Arábia Saudita".

Durante todo o período de Ed-Dur, o transporte marítimo e o comércio foram as duas principais atividades das zonas costeiras. Ibn Habib, na sua obra *Kitâb Al-Muhabbar*, refere-se à "feira" de Dibba, o grande porto hoje situado sobre a costa leste dos Emirados, e afirma que na época ele era um dos dois grandes portos da margem árabe (o outro seria Sohar, no Omã). Cita ainda que ambos eram utilizados pelos mercadores do Sind e da China, bem como pelos viajantes vindos do Oriente e do Ocidente, e que em Dibba "a feira tinha lugar no último dia de Tagab, quando os comerciantes faziam seus negócios mercadejando com grande habilidade".

Hoje, Dibba é um lugar de desenvolvimento turístico por ser um dos possíveis acessos à península de Musandam, principalmente para quem vem de Mascate, atual capital do Sultanato.

A conversão e a expansão ao Islã

A chegada dos emissários do profeta Mohamed em 630 d.C. provocou o início da conversão dos habitantes da região ao Islã. A morte do profeta dois anos depois foi seguida por uma grande revolta, mas os insurretos foram esmagados pelos soldados do primeiro califa, Abu Bakr, enquanto a batalha de Dibba, na costa leste dos Emirados, fez mais de 10.000 vítimas entre os rebeldes.

A partir de 637 d.C., os exércitos islâmicos se serviram de Julfar (Ras al-Khaymah) como posto avançado para a conquista do Irã. Fontes locais e historiadores especializados nos primeiros tempos do Islã, como Al-Tabari,[8] informaram que este porto apresentava um interesse considerável para os sucessivos soberanos tanto omíadas quanto abássidas.

Ibn Majid — o mestre dos mares

Mais tarde, a cidade de Julfar foi novamente citada, pois Ibn Majid, conhecido personagem que se tornou legendário na história emirati, descreveu-a em poema bem antes da chegada dos portugueses na região. Assim, quando os portugueses puseram seus pés sobre as terras árabes do Golfo, Ibn Majid, e antes dele seu pai, seu avô e toda sua linhagem de antepassados, igualmente intrépidos, já tinha consagrado toda sua vida à navegação e à exploração de outras terras.

Em seu poema, Majid cita os europeus, dando como verdade que os árabes teriam percorrido as águas européias antes de os europeus terem tido êxito em atravessar o Oceano Índico. Sua reputação de grande navegador decorre em grande parte de suas obras, 39 das quais, entre as 40 que nos chegaram, são escritas em versos. Alguns são considerados curtos, outros são mais longos, sendo que o *Al-Sofaliya*, por exemplo, comporta 805 versos e relata um périplo entre a Índia e Sofala,

---

[8]Abu Al Hasan Ali Bin Sahl Rabban Al-Tabari, nascido em 823 d.C., descendia de uma família de israelitas. Desde que abraçou o Islã, é classificado como um dos maiores cientistas e historiadores do Islã.

sobre a costa suaíli. Um tratado (o *Fawa'id*) é uma longa obra que não somente recapitula todos os conhecimentos adquiridos por Ibn Majid, quando das suas viagens de longo curso, mas também se inspira amplamente junto aos trabalhos dos primeiros astrônomos árabes. O seu último poema conhecido foi composto em 1500, e seu autor morreu logo depois, com pouco mais de 70 anos.

O porto de Julfar foi o lugar onde desembarcaram os invasores abássidas lançados à conquista do Omã. No século X, a região ocupada hoje pelo Sultanato de Omã e pelos Emirados caiu sob a tutela da dinastia persa dos Buidas, como testemunha a grande quantidade de peças desta dinastia descobertas em 1965 em Ras al-Khaymah.

Julfar, Sohar e Ormuz — o desenvolvimento das rotas

O lugar se tornou um grande porto e um centro perlífero de primeira importância, mencionado por Al-Maqdisi no século X, por Al-Idrisi, no XII, e por Yaqut, no XIII.[9] Ainda nos dias de hoje continuam partindo dali, perpetuando uma tradição antiga de 5.000 anos, grandes barcos de madeira sulcam o Oceano Índico e se arriscam até a África e a Ásia, servindo Mombaça no Quênia, e também Sri Lanka, Vietnã e China.

O desenvolvimento de um outro porto, Sohar, importante entreposto comercial da costa Batinah do Omã, também provocou uma verdadeira proliferação de rotas comerciais terrestres, que convergiam até Julfar, ao norte, e Tu' Am (Al-Ain/Buraimi), no oeste. Nos séculos XIV e XV, os países da região estabeleceram sólidas relações comerciais com o reino

---

[9] Yaqut ibn-'Abdullah al-Rumi al-Hamawi (1179-1229), geógrafo e enciclopedista dos séculos XII e XIII.

de Ormuz baseado na ilha de Jarun, no estreito do mesmo nome. Mas estas relações foram quebradas quando da invasão portuguesa.

Chegam os portugueses

A chegada da armada portuguesa no Golfo teve conseqüências sangrentas para as populações árabes de Julfar e dos portos da costa leste, como Dibba, Bidya, Khor Fakkan e Kalba. Os fortes construídos nestas cidades, freqüentemente atribuídos aos lusos, muitas vezes eram de fato bastiões dos Cheikhs árabes locais, que se tornaram mais tarde aliados dos portugueses. Não se quer dizer, com isso, que estes não tenham construído fortes. Assim o fizeram e foram seguros e poderosos, pois, como vimos, os construíram na ilha de Ormuz, e na de Queixome (Qesh), e em outros pontos da costa oriental da Arábia.

Numa ata que data de 1517, o historiador português Duarte Barbosa anotou que os habitantes de Julfar são "homens de bem, grandes navegadores e grandes negociantes". "A pesca das pérolas grandes, e das pequenas como sementes, era ali muito desenvolvida." O explorador português Pedro Teixeira conta que todos os anos uma frota de 50 barcos deixava Julfar para se dirigir aos bancos de ostras. Nesta época, um determinado tipo de pérola passou a ter o nome de Julfar. Diante da ambição crescente dos europeus pelas pérolas do Golfo, o anteriormente citado joalheiro veneziano, Gasparo Balbi, chega a Julfar no final do século XVI. É interessante notar que seu relato sobre a costa emirati, do Catar a Ras al-Khaymah, é a primeira obra européia a mencionar a existência da tribo Bani Yas, do Abu Dhabi.

Os beduínos de Bani Yas

Os antepassados dos beduínos, que fizeram das areias do deserto do Abu Dhabi e de Dubai sua casa, tinham plantado pomares e tamareiras e construído casas de folhas de palma ao pé das dunas, onde havia reservas de água, e com seu esforço incrementaram os oásis. Usando essas habitações de *arish*, terminaram formando cerca de 40 ramificações, ocupadas o ano todo. Dispostas em semicírculo no oásis de Liwa, estas habitações constituíram um centro de vida social e de atividade econômica para os Bani Yas, pelo menos a partir do século XVI.

No entanto, cerca de dois séculos depois, por volta de 1790, o chefe político de um dos grupos Bani Yas deixou Liwa para se instalar em Abu Dhabi, e no início do século XIX, os membros da tribo Al Beber Falasah, outro ramo do Bani Yas, estabeleceram-se na enseada de Dubai e instauraram ali o reino Maktoum.

Os Qawasim e seu poderio naval

Enquanto grandes potências européias como Portugal, Holanda e, mais tarde, a Inglaterra disputavam a soberania da região, cresceu o poder de uma outra família local, os Qwaasim, que, no início do século XIX, já possuía uma frota de mais de 60 navios grandes, capazes de transportar quase 20.000 marinheiros. Como potência marítima, esta família constituiu uma ameaça para os britânicos desejosos de se impor como mestres do Oceano Índico, o que causou, nas duas primeiras décadas do século XIX, uma série de confrontações entre os dois campos, tendo terminado pela quase destruição da frota.

Como os britânicos acusavam os navios qwasimi de se entregarem à pirataria, toda aquela região controlada por eles foi batizada pelos ingleses de "Costa dos Piratas". Contudo, no seu livro intitulado *The Myth of Arab Piracy inside the Gulf* (*O mito da pirataria árabe no Golfo*), o Cheikh Sultan bin Mohammed Al Qasimi, soberano de Sharjah, e doutor em letras pela Universidade de Edimburgo, afirma que a ofensiva inglesa tinha sido fundamentada unicamente pelo desejo de controlar todas as trocas marítimas entre o Golfo e a Índia. Esta teoria não nos causa espécie, pois se analisarmos as intervenções britânicas no início do século XIX, não só em todo o Oriente, mas também em relação a Portugal e ao Brasil, damos inteiro apoio à acusação do soberano do Sharjah.

Os tratados da trégua

Após a derrota dos Qawasim, os britânicos propuseram e assinaram uma série de tratados com os Cheikhs de cada Emirato visando preservar a trégua marítima, e assim proteger a hegemonia comercial inglesa na região. Esses tratados proibiam os Cheikhs de manter relações independentes com potências estrangeiras e os forçavam a aceitar os conselhos da Grã-Bretanha em certos domínios bem definidos. Novamente encontramos similitudes entre este procedimento britânico e os demais que permitiram que eles construíssem seu grande Império. Quanto aos Estados que participaram deste tratado, eles passaram a ser denominados Estados da Trégua.

Contudo, a paz no mar tornou possível uma melhor exploração dos bancos de conchas perlíferas do baixo Golfo; e os Emirados recomeçaram a exportar pérolas finas, não somente para a Índia, mas também para a Europa. Esta atividade, denominada indústria perlífera, prosperou nos séculos XIX e no início do XX, sustentando as populações locais.

Graças aos cheikhs é iniciado o equilíbrio dos Emirados

No entanto, a terra, apesar do mar estar liberado dos efeitos nefastos de uma guerra, tinha falta de recursos econômicos. Os Emirados se desenvolviam lentamente sob a influência britânica até que o Cheikh Zayed bin Khalifa, do Abu Dhabi, um dos personagens mais notáveis do período, conhecido como Zayed, o Grande, comandou o Emirado durante mais de 50 anos, até 1909.

Os tempos, no entanto, caminhavam para outras dificuldades, pois a situação do mundo já demonstrava o surgimento de novos problemas. E a Inglaterra, como potência européia, mais uma vez entrava em disputas no Velho Continente, abandonando qualquer tipo de investimento produtivo na região.

Da crise de 1929 às soluções encontradas

Embora as retenções financeiras da Primeira Guerra Mundial tenham trazido alguns problemas para a indústria perlífera, foi a crise econômica do final dos anos 1920 e início da década de 1930, que verdadeiramente a atingiu. O assunto ligado às pérolas é de tal importância, que dedicaremos a elas, seus esplendores e dissabores, o capítulo a seguir.

Uma solução encontrada para suprir a decadência da indústria perlífera foi investir no comércio do ouro. Mas apesar da corajosa e empreendedora ação da população, na tentativa de implementar cada vez mais este mercado substitutivo da indústria perlífera, foram grandes as dificuldades a serem transpostas. Até então, a educação local geralmente se limitara à aprendizagem naquele ramo, e foi preciso criar pessoal capacitado para se adaptar aos novos empreendimentos.

Do ouro ao petróleo — uma nova história

Embora faça agora mais de quarenta anos que se produz petróleo na região dos Emirados Árabes Unidos, a história dos hidrocarbonetos ali vai muito mais longe. Nos anos 1930, um consórcio de sociedades[10] voltou sua atenção para o baixo Golfo. Durante os anos seguintes, vários acordos de concessão foram assinados, sendo o mais importante e praticamente iniciador o feito com o Abu Dhabi, em janeiro de 1939, visando gerir as concessões situadas nos Estados da Trégua. A Petroleum Development Trucial Coast PD (TC) teve o seu primeiro poço em Ra's Sadr, no nordeste de Abu Dhabi, em 1951. Dali em diante houve uma sucessão de projetos, concessões e instalações.

Ainda nos dias de hoje, algumas pessoas que encontrei nos Emirados lembram entusiasmadas dos primeiros momentos da exploração petrolífera, citando os esforços de muitos emiratis e estrangeiros, que continuam a modelar sua economia atual. Além de um maior desenvolvimento da leitura e da escrita, bem como do ensino do Islã dispensado por pregador local, um imenso passo foi dado em relação ao desenvolvimento de infra-estruturas modernas que agora permeiam, principalmente, o Abu Dhabi e o Dubai, tais como meios de comunicação, cuidados com saúde da população, desenvolvimento tecnológico, científico e cultural.

No entanto, em algumas partes da região, devido ao meio ambiente e as condições por ele ditadas, o transporte não pode prescindir dos dromedários ou das embarcações mais simples, e a aridez do clima, em alguns lugares, também pode dificultar uma sobrevivência saudável.

---

[10]Que mais tarde se tornariam BP, Shell, Total, ExxonMobil e Partex, e que operavam no Iraque sob o nome Irak Petroleum Company (IPC).

A partida dos ingleses e a renascença do baixo Golfo

Durante toda a permanência inglesa, o desenvolvimento foi fraco na região, pois o "protecionismo" britânico, ou seja qual for o nome que seja dado à sua intervenção, não prevê um desenvolvimento real das terras ocupadas, e além do mais deixou uma série de problemas, muitos dos quais gerados por incompreensão de culturas e tradições diferentes da sua.

Cheikh Sultan, filho de Zayed, o Grande, permaneceu no poder no Abu Dhabi de 1922 até 1926. Logo após o reinado curto de um dos seus irmãos, foi um dos filhos de Cheikh Sultan, Cheikh Shakhbut, que subiu ao trono em 1928.

No início dos anos 1930, os primeiros prospectores haviam chegado ali para efetuar estudos geológicos preliminares, e 32 anos depois, a primeira carga de petróleo bruto deixou o Abu Dhabi. A partir de 1962, os rendimentos com a produção de hidrocarbonetos passou a aumentar anualmente. Cheikh Zayed, o mais jovem irmão de Cheikh Shakhbut, foi escolhido como governador do Abu Dhabi em 1966, depois de um trabalho exemplar realizado como governador da cidade de Al-Ain. Ao tomar posse da governadoria do Emirado, lançou um gigantesco programa de construção de escolas, alojamentos, hospitais e estradas. Entre suas primeiras medidas também aumentou as contribuições do país ao Fundo de Desenvolvimento dos Estados da Trégua, estabelecido alguns anos antes pelos britânicos, e o Abu Dhabi rapidamente se tornou o doador principal.

Durante este tempo, o Cheikh Rashid bin Saeed Al Maktoum, soberano de fato de Dubai desde 1939, determinado a substituir os rendimentos oriundos das pérolas, entre outras ações, desenvolveu as instalações portuárias ao longo do khor. Quando as explorações de petróleo começaram em Dubai no final dos anos 1960, ele resolveu utilizar os rendimentos petrolíferos para melhorar a qualidade de vida do seu povo.

Foi nesta época, início do ano 1968, quando os britânicos anunciaram sua intenção de se retirar do Golfo dentro de três anos, isto é, no fim de 1971, que o Cheikh Zayed imediatamente decidiu estreitar relações com os outros Emirados, e com o Cheikh Rashid, governante do Dubai, que se tornaria vice-presidente e primeiro-ministro do novo Estado, propôs a criação de uma federação que reuniria não somente os sete Emirados do antigo Estado da Trégua, mas também os avizinhados Catar e Bahrein. Após um período de negociações, um acordo foi concluído apenas entre os líderes de seis Emirados (Abu Dhabi, Dubai, Sharjah, Umm al-Qaiwain, Al-Fujayrah e Ajman). A Federação, que tomou o nome Emirados Árabes Unidos (EAU), veio à luz oficialmente no ano de 1971. Dois meses depois, Ras al-Khaymah, o sétimo Emirado juntou-se aos demais. Daí em diante o progresso passou a avançar sobre os sete Emirados formadores da Federação, os Emirados Árabes Unidos.

Parte 3 *Das pérolas e seus pescadores*

Entre as lendas sobre a origem das pérolas que ouvi nos países do Golfo, a que mais me encantou conta que elas são lágrimas da lua, colhidas e guardadas nas conchas pelas ninfas do mar. Contudo, um velho pescador recentemente me afirmou, com tristeza, que as pérolas eram as lágrimas das conchas que há muito tempo tinham sido abandonadas no fundo do mar.

No entanto, a verdade é que de longa data esta região — o Golfo — tem a pérola como símbolo, por isso, quando se fala em pérolas, o imaginário coletivo corre para lá, onde as águas são conhecidas como mar das pérolas.

Bancos de conchas, muitas delas perlíferas, debruam sua margem ocidental, ainda que alguns também se acantonem na margem oriental, principalmente na ilha de Qeshm.

Pérolas naturais, denominadas finas, são formadas aleatoriamente, quando um corpo estranho, conhecido como o irritante, penetra no tecido de uma ostra. Em resposta a esta intrusão, a ostra segrega nacre, uma combinação de carbonato de cálcio e de substâncias orgânicas absorvidas do meio ambiente aquático, que se acumulam gradualmente formando camadas sucessivas ao redor do irritante.

Durante muito tempo, este revestimento de nacre lentamente forma uma pérola, cuja dimensão, forma e cor são determinadas por uma combinação de fatores, incluindo as características do irritante original, além daquelas decorrentes do ecossistema em que ela evoluiu.

Desde tempos muito antigos os povos se encantaram com essas surpresas encontradas nas conchas. Sendo a mais antiga gema orgânica da história humana, a pérola adquiriu significados míticos e alquímicos, marcados por pureza, beleza, nobreza, sabedoria, riqueza e amor.

Junto às populações do Golfo, desfrutaram de uma história sempre a elas vinculada. Descobertas arqueológicas sugerem que esta região contém os maiores, mais antigos e raros leitos de pérolas do planeta, e também não se tem conhecimento que em outro lugar as ostras perlíferas tenham produzido tantas pérolas de tal qualidade e brilho. Assim, além de serem importantes símbolos dos países da região, elas estão intimamente ligadas ao próprio Golfo desde sua formação, o que faz crescer cada vez mais o número de museus e exposições da região a elas consagrados, abrangendo todos os estágios da indústria perlífera, demonstrando sua importância para a cultura e a tradição locais. Geralmente a mostra parte da epopéia dos mergulhadores, seguindo até sua inclusão no desenvolvimento econômico, além do esplendor estético.

Aqui, ao falar de pérolas, refiro-me às pérolas finas, que participaram ativamente da composição da história da região. Ainda que todo o litoral do Golfo seja berço destas belas obras da natureza, o Barhein há muito tempo tem um lugar importante na sua história, pois no III milênio a.C., a civilização de Dilmun já era particularmente conhecida não apenas por sua pesca, mas pelo comércio que estabeleceu com a Mesopotâmia, Magan e o Vale do Indo. Assim influenciou o uso das pérolas por toda a região que abrangeu, direta e indiretamente. A princípio ligados apenas a sua extração e comércio, os antigos baheinis se tornaram mestres na composição da joalheria que se expandiu de forma caprichosa, e, mais tarde, quando a civilização de Dilmun foi substituída pela de Tylos, mereceu elogiosa citação de Plínio, o Velho.

Os bancos de pérolas se estendem principalmente ao longo de toda costa árabe do Golfo, embora parte da costa pérsica também tenha formações. Ao longo do Barhein, do Qatar e prosseguindo pela costa onde hoje se estendem os Emirados, esses bancos tinham de quatro a quinze braças de profundidade e possuíam os mais belos e abundantes espécimes. Os antigos pescadores acreditavam que elas só podiam viver em grande profundidade e que seu brilho dependia da escuridão abissal em que eram encontradas.

A exploração dos bancos era livre. Nas suas imediações os barcos atracavam e os pescadores mergulhavam, e ainda mergulham, para buscar seu precioso tesouro. O desenvolvimento da atividade continua o mesmo de antigamente, com a coleta sendo realizada em cerca de quatro meses por ano, sobretudo entre maio e setembro, quando as águas são mais quentes. Desde os tempos antigos, o capitão da embarcação, *al-nûkhedha*, engaja sua equipagem, querena o barco e o abastece, sobretudo, de água, arroz, tâmaras, limões secos, café e tabaco. Os participantes da empreitada embarcam por dez ou quinze dias. Cabe ao capitão escolher o banco de ostras, e muitas vezes a boa escolha leva outros barcos a se encontrarem no mesmo lugar.

Nos dias de hoje, pérolas finas, apesar de raras e muito caras, voltaram a ter um público comprador certo e muito exigente. Além dos mercadores especializados em achados atuais, elas são encontradas em jóias antigas existentes nos museus, joalheiros-antiquários e leilões. Seus leitos também estão sendo cada vez mais pesquisados e sondados, sobretudo os da região do Golfo e os de pérolas finas de água doce existentes nos Estados Unidos. Contudo, é no Golfo que a dedicação às pérolas finas está em pleno renascimento, ainda que jamais a região tenha abandonado completamente a pesca de pérolas, uma de suas mais memoráveis tradições.

Atualmente, nas mais diversas partes do mundo são organizadas importantes exposições, conferências e até uma versão esportiva da difícil pesca. Livros com novas e velhas histórias sobre a pesca e o heróico desempenho de seus pescadores vêm sendo publicados, além de há muito tempo inspirarem belas músicas, inclusive a ópera "Pescadores de pérolas", de Georges Bizet, que se passa no Ceilão.

Recentemente, o Museu de História Natural de Nova York organizou uma poderosa e detalhada exposição sobre pérolas, analisando-as sob diversos aspectos. Depois de ter contado com imenso público lá e em Dubai, teve grande sucesso no Museu de História Natural de Paris,[11] onde, graças à sua própria coleção, valiosos espécimes foram acrescentados.

Conhecidas e valorizadas em diferentes culturas através da História, para o que as navegações comerciais do Golfo muito colaboraram, já em 2300 a.C. as inscrições chinesas indicavam que as pérolas eram gemas consideradas um presente de valor oferecido pela natureza. Na Índia, de certa maneira herdeira das culturas primordiais do Vale do Indo, a história das pérolas também é longa, pois elas foram mencionadas nos Vedas, principalmente no Rigveda, e depois no Atharaveda, que cita um

---

[11] Fevereiro de 2008.

amuleto feito de pérolas, também utilizado como talismã. Na poesia épica antiga, o Ramayana descreve um colar de 27 pérolas finas de 9 a 11mm, dimensões extraordinárias para a época. Além do mais, o deus Krishna é associado às pérolas.

Quanto ao Egito Antigo, sabemos que ali, há cerca de 5.200 anos os dignitários usavam jóias à base do nacre encontrado no interior de alguns moluscos, e que mais tarde faziam incrustações deste material na madeira, como o fazem até os dias de hoje. Usavam também contas feitas de nacre, mas somente por volta do século VI a.C., após os primeiros contatos com os persas, a corte faraônica passou a usar pérolas finas nas suas jóias.

No Golfo Pérsico, apesar de conhecidas e comercializadas de longa data, não foram encontrados vestígios nas jóias dos primeiros tempos, elas apenas aparecem citadas nos escritos, demonstradas nas esculturas e peças de moeda, e mais tarde com abundância em Dilmun e Tylos. Desde muito tempo se sabia que os leitos de ostras perlíferas dali eram muito antigos e que, ao contrário do que afirmavam certos pescadores, estas ostras viviam em águas pouco profundas e, sobretudo, quentes, que recebiam refluxos das fontes de água doce existentes em pleno mar. É quase certo que o colar mais antigo de pérolas do Golfo foi encontrado num antigo túmulo considerado como de uma rainha provavelmente elamita, conhecido como o colar de Susa, que possui três filas de 72 pérolas cada uma, montado com barras servindo como espaçadores.

Os antigos gregos, depois de certa época, adotaram o uso de pérolas nos casamentos, por serem consideradas sinônimos de amor. Já entre os árabes elas são apreciadas de longa data, mesmo antes de sua conversão ao Islã, tendo sido sempre uma forte tradição ligada ao meio ambiente do Golfo. O legendário de sua origem é dos mais criativos: lágrimas da lua, gotas de orvalho endurecidas no fundo do mar, estrelas caídas — desde os tempos mais remotos elas eram tidas como de muito alto valor. Mais tarde, quando da conversão ao Islã, elas foram descritas no Corão como um dos maiores tesouros fornecidos pelo paraíso.

O Ceilão, agora conhecido como Sri Lanka, entra na história das pérolas muito cedo, pois conta a lenda, que por volta do II milênio, seu rei enviava pérolas para a Índia tentando agradar o sogro. É importante sublinhar que o Ceilão, por sua situação geográfica, era uma outra encruzilhada comercial para todas as trocas da Ásia, recebendo os interesses da região do Golfo, da Índia e das ilhas do norte que estabeleciam uma ligação com a China. Foram seus pescadores que inspiraram a ópera de Bizet.

Neste permeio do Oceano Índico ainda se contavam as Filipinas, também ativas no comércio de pérolas.

Na Roma Antiga elas foram muito apreciadas, particularmente como símbolo de riqueza e prestígio, a ponto de ser proibido usá-las quem não tivesse mérito. Dentro dos fatos pitorescos que cercam o encontro de Cleópatra com os romanos, um deles conta um incidente passado num banquete que foi descrito por Plínio no seu livro, *História natural*. Embora alguns historiadores atuais contestem os detalhes e o significado deste banquete, há certa tolerância em aceitar o incidente, que conta que a soberana egípcia teria dissolvido num copo de vinagre uma de suas magníficas e valiosas pérolas e depois o teria bebido, para demonstrar sua riqueza a Marco Antônio.

No Antigo Testamento, elas não são mencionadas — ou o fazem através de frases obscuras. Seria talvez por que os moluscos e os crustáceos tenham sido tradicionalmente proscritos no judaísmo que os antigos hebreus não puderam apreciar as pérolas — perguntam alguns? Posição contrária, no entanto, tem o Novo Testamento, que tendo sido muito influenciado pelos gregos, as pérolas são ali livremente mencionadas e mais tarde vinculadas à figura da Virgem.

FERNANDA DE CAMARGO-MORO

Os pescadores de sonhos

Tive que dispor de uma noite inteira, entrando pela madrugada, para presenciar os preparativos de uma primeira partida da estação da pesca de pérolas, pois se o dia de trabalho se estendia do amanhecer ao pôr-do-sol, os preparativos varavam a noite. A condução desta atividade pesqueira pouco se modificou através dos tempos. Como outrora, as equipes têm apenas um dia de repouso a cada dez, salvo se a coleta estiver sendo frutífera, o que afasta ainda mais a folga. No cume da alta estação, há o revezamento de duas equipes a cada oito ou dez mergulhos de quarenta a sessenta segundos, ou, de acordo com outras fontes, de meio minuto a dois, desde o amanhecer até o anoitecer, com apenas algumas tâmaras e café por alimento.

Segundo me informaram, os contratos nos tempos antigos eram mais severos, pois além das muitas obrigações, antes de partir a equipe precisava levantar empréstimos com o patrão do barco para o sustento da família, e as dívidas com freqüência duravam muitos anos, às vezes por toda a vida, sendo repassadas de pai para filho. O futuro deles dependia da sorte de encontrar boas pérolas.

Hoje isto tudo foi equacionado de uma maneira mais racional, pois o sustento dos países não vem mais das pérolas, mas do petróleo, e de todos os serviços modernos e essenciais que fazem sua riqueza. Porém, a tradição perlífera é preservada com detalhes, e os tocantes cantos dos pescadores de pérolas continuam.

Um cantor profissional, o *naha'na,* especialmente contratado, inicia seu canto e todos os mergulhadores e marinheiros a ele se juntam trabalhando no seu ritmo. Cada canto tem um ritmo e finalidades específicas adaptado a uma tarefa precisa, tendo por objetivo estimular e coordenar os esforços da tripulação.

"A solidariedade entre a equipe é sempre plena, pois a vida a bordo, os perigos, a fadiga, e a idéia que o mergulho era uma exploração, aproximava os homens da equipagem. Portanto, certa hierarquia era sensível, em função das tarefas a serem cumpridas, às quais cabiam pagamentos diferenciados", comentou um pesquisador barheini que encontrei, e que comigo compartilhou desta experiência.

Na tradição perlífera-pesqueira, o *ghaur*, o mergulhador, era mais valorizado do que o puxador ou levantador, encarregado de ajudá-lo a subir para a superfície da água. Todavia, na mais alta escala social estava o capitão do barco, a seguir o mercador, *al tâjir*, e o pequeno comerciante *al tawâsh*. Um e outro podiam comprar pérolas através do capitão. Mas logo o *al tawâsh*, repassava suas pérolas para o *tâjir*, que as venderia nos mercados especializados das grandes cidades da região, que nos tempos mais antigos eram, sobretudo na Índia. Além disso eles vendiam aos mercadores e joalheiros ocidentais que se dirigiam pessoalmente aos portos do Golfo.

Os salários da equipe pesqueira eram fixados de acordo com o montante das vendas. Sempre apreciadas, as visitas dos mercadores era ocasião de distribuição de boas comidas e tabaco. A compra de pérolas requeria longas e secretas transações, quando eram usados códigos para determinar os preços ao abrigo dos olhares indiscretos, pois as trapaças não eram raras.

As pérolas eram apalpadas com partes das mãos devidamente cobertas com um tecido geralmente de cor púrpura. Aos poucos fui sabendo que empunhar a mão correspondia a mil rupias; tocar a palma, a quinhentas rupias; pressionar com o dedo, cem rupias, e por aí o código se estendia.

De volta à casa, o mercador classificava as pérolas segundo o tamanho, depois analisava seu peso, forma, cor, lustre e pureza do nacre, usando um vocabulário rico e variado: *al-djiwân*, a mais pura e a mais preciosa; *al-abîad*, a branca, transparente como a água; *al-gulâbî*, perfeitamente redonda; *al-batn*, a de base chata; *al-na'cân*, as menores, pesadas e vendidas em quantidade.

As pérolas de bom tamanho eram comercializadas individualmente, sendo que seu valor dependia da oferta e da demanda. Depois de serem adquiridas pelo mercador local, elas eram furadas ou não, mas sempre com uma tecnologia apurada, e depois levadas para serem negociadas em escala mundial.

Sabe-se que até cerca de 1930 a exploração de pérolas naturais consistia na principal atividade dos estados do Golfo. Como foi dito anteriormente, aos poucos esta atividade foi sendo reduzida por diversos motivos; entre outros a difusão das pérolas de cultura, produto bonito, mas de certa forma artificial e sem a poesia da formação e do achado. No entanto, o que vitimou ainda mais o comércio de pérolas finas foi a recessão de 1929. Este *débâcle* econômico, que atingiu grande parte dos compradores principalmente ocidentais, fez com que fosse procurada outra opção para os ornatos femininos. Foi assim que as imitações ganharam vulto principalmente na sociedade americana do norte. Nesta época, as pérolas de cultura, mais baratas, surgiram como solução.

A opção de comércio de ouro e a exploração do petróleo com a segurança da aplicação de seus dividendos, se por um lado vieram amparar a diminuição na comercialização das pérolas finas, por outro fizeram com que a pesca diminuísse. Hoje, no entanto, essas pérolas finas ou naturais voltam a ser muito procuradas, talvez pela busca de autenticidade e de uma poesia ambiental que valorizaram ainda mais essas obras da natureza que não recebem intervenção do homem, ao contrário das pérolas de cultura.

VIAJANDO POR DUBAI E OS EMIRADOS
UMA TENTATIVA DE CONHECER

Parte 1 Enfim, Dubai

Era noite quando o avião deu uma volta sobre a ilha da Palma Jumeirah, e depois sobre a estreita e longa enseada iluminada, o khor, que divide a grande Dubai em duas, Deira e Dubai. No meio das águas, marcando bem a paisagem, passava lentamente uma procissão de barcos com seus "*trajes de luces*".[12] Estes barcos de longa história tanto suprem com mercadorias os 14km que se estendem às margens do khor, como as ladeiam carregando visitantes dia e noite para mostrar sua beleza.

Dali de cima, se fosse dia claro eu também poderia ter visto a Shindagha, onde fora a antiga vila pesqueira, o lugar em que a cidade surgiu e se expandiu, sempre nas vizinhanças da penetrante fenda de mar, marcação típica da geologia do Golfo.

A Grande Dubai nasceu de um lado e do outro de um meandro existente na embocadura do khor, através de duas aldeias que se indivi-

---

[12]*Traje de luces*, trajes luminosos, ou de gala, muito bordados, usados pelos toureiros para a corrida.

dualizaram a partir da origem: Dubai ao sul e Deira ao norte. Durante muito tempo, a ligação entre elas era feita por barcos, os populares abras, que até hoje asseguram o transbordo dos pedestres por alguns *fils*,[13] como fazem os *traghetti* venezianos. A outra chance seria percorrer os 14km por uma das margens e passar para a outra contornando o final do khor, o que não satisfazia os que tinham pressa em se locomover. Com o crescimento das cidades, duas pontes foram construídas, Al Garoud e Al Maktoum, que, completadas por um túnel sob a embocadura, permitem aos veículos passar de uma margem a outro da enseada.

Pelo khor, a cidade não só tem acesso às águas do Golfo, mas também é por ele dinamizada. O sítio é de ocupação antiga, porém não se pode atribuir a ocupação atual às múltiplas heranças de outrora visualizando uma solução de continuidade, pois ele só foi ocupado de forma permanente no fim século XIX, quando vieram para ali os beduínos originários do oásis do Liwa, que procuravam um complemento sazonal de recursos haliêuticos e passaram a também praticar a pesca perlífera.[14] Porém, antes disso, houve diversas ocupações esporádicas desde os tempos pré-históricos.

Na ocupação recente, aquela que tem uma solução de continuidade até os dias atuais, muitos de seus marcos estão ali na entrada do khor: velhas casas, antigos mercados e monumentos tradicionais, todos com sua arquitetura preservada. No entanto, ao singrarmos as águas da enseada, vemos que lentamente vai sendo estabelecido um contraste entre esta arquitetura inicial e os prédios ultramodernos que abrigam bancos, repartições oficiais, hotéis, além de magníficos e alguns inusitados

---

[13]Moeda divisória do dirham.
[14]3. Frauke Heard-Bey: "The Tribal Society of the UAE and its Traditional Economy", in E. Ghareeb e I Al-Abed: *Perspectives in the United Arab Emirates*, Trident Press, Londres, 1997, p. 254.

shoppings centers que se estendem por Dubai e Deira. Logo também se chega aos sistemas habitacionais complexos, novos monumentos que se modulam numa arquitetura mais nova e arrojada.

Do hotel, tive a primeira visão da cidade movimentada e alegre no fim da noite e senti o ar puro do deserto com toques de mar, conjugado com a lembrança da visão do alto, do traçado iluminado da folha de tamareira da ilha da Palma, e das luzes do khor que agora estava ali enquadrado na minha janela, quase ao toque de minhas mãos.

Enfim eu chegara em *Dubayy*, como mostra o mapa, mas que eu chamarei apenas de Dubai. Poderia penetrar mais fundo naquela parte do Golfo, conhecer lugares que haviam escapado de meus percursos anteriores, mas não creio que percorrerei todos de uma vez, porque o encantamento do mar das pérolas, sem dúvida, me obrigará a voltar muitas vezes, buscando sempre uma relação tangível e amigável com o seu meio ambiente.

Como eu imaginava, os muitos contrastes são um dos encantos que marcam a personalidade daquela paisagem, que como em toda aquela margem ocidental do Golfo, o diálogo do mar com o deserto é uma constante.

Em Dubai vivem diversas comunidades diferenciadas, onde toques de uma sociedade cosmopolita de estilo de vida internacional contracenam com beduínos ainda ligados a suas tradições e grandes grupos de imigrantes de diversas regiões, misturados com marcações feitas por uma cultura enraizada nas tradições islâmicas e pré-islâmicas da Arábia. Além disso, existe o contingente cultural dos por outros povos que ali se estabeleceram, de longa data ou mais recentemente, e que trouxeram sua própria história marcada por fortes tradições. Uma sociedade em formação, bem diferenciada das que eu conhecia, mas pronta para proporcionar novas descobertas.

Os achados arqueológicos demonstram que comunidades de pescadores viveram há cerca de 7500 anos sobre as margens do Golfo no lugar onde hoje se situa Dubai. Escavações realizadas em Jumeirah mostram não apenas antigas raízes, mas também a evolução que o comércio há muito tempo trouxe para a região.

Dubai fazia parte da área que os britânicos denominaram Costa dos Piratas, e cujos reinos foram pressionados a assinar a trégua marítima com o Reino Unido em 1853, e a região foi rebatizada como "Estados da Trégua", em inglês Trucial States. Mais tarde Dubai se colocou sob a proteção (oficiosamente um protetorado) do Reino Unido por um acordo de exclusividade, visando expulsar a influência otomana da região. O protetorado durante um certo tempo foi unido ao Raj britânico antes de ser definitivamente separado. Com a saída dos britânicos, o Emirado, governado de forma brilhante por autoridades locais, passou a evoluir de forma espantosa, chegando rapidamente aos mais altos níveis de desenvolvimento. Tudo isso me enchia de curiosidade enquanto eu não cessava de olhar o fim de noite fascinada com as iluminações do khor.

Na manhã seguinte, muito cedo, comecei a percorrer a pé as construções preservadas da época pré-petroleira, iniciando pelo bairro de Bastakiya, que embora tivesse caído em decadência foi objeto de uma operação de reabilitação sob a égide do município, hoje estando inteiramente renovado. O núcleo antigo foi reciclado com muito zelo. Além da Bastakiya, com suas casas com torres de vento, foi preservado o forte Al-Fahidi, que abriga o museu, a área onde está o sûq de Bur Dubai e, por último, perto da embocadura do khor, diversas construções, entre elas o palácio do Cheikh Said al-Maktoum, com sua importante coleção de fotografias históricas.

FERNANDA DE CAMARGO-MORO

Nesta região, vizinha à entrada do khor, foram restauradas a praça dos Beni Yas, confederação tribal de Abu Dhabi de onde é originária a dinastia do Al-Maktoum, a escola do Ahmadiya, famosa confraria religiosa muçulmana, e toda a área dos suqs de Deira.

A restauração extremamente cuidada do forte, bem como a sua transformação em museu, e a reabilitação das torres de vento do bairro, que outrora fora dos mercadores persas Bastaks, testemunham uma preocupação patrimonial de inspiração moderna, cuja finalidade se identifica com a criação de uma mentalidade de entrosamento do povo com o seu patrimônio cultural. Este entrosamento é efetivamente ilustrado pelo sucesso da Diving Village, aldeia de mergulho, e da Heritage Village, a aldeia do patrimônio cultural reconstituída nas vizinhanças de Shindagha, ao pé do palácio de Cheikh Said. A primeira possui uma boa demonstração da importância de mergulhar em toda a costa do Golfo, entrando em detalhes através de exposições sobre a pesca de pérolas, agindo também como provocador de atividades contemporâneas de mergulho. Já a Heritage Village, é um acampamento beduíno com animações sobre o tema da cultura tradicional (cantos, danças). Ambas as aldeias são amplamente freqüentadas pelos habitantes locais, e pela imensidão de turistas.

Contrariamente a alguns de seus vizinhos, os líderes de Dubai há muito tempo já incentivavam o comércio internacional, e numerosos mercadores estrangeiros, vindos principalmente do Irã e da Índia, instalaram-se na cidade, conhecida sobretudo por suas exportações de pérolas, e mais tarde pelo comércio do ouro.

Ao visitar Shindagha, a pequena aldeia de pescadores na embocadura do khor, encontra-se a história dos primeiros tempos, quando ela fora povoada pela tribo dos Bani Yas, dirigida pela família Maktoum, que até hoje governa Dubai. Completando a história dos primeiros tempos, os museus e alguns dos monumentos também mostram que nessa época a vida ali se resumia às atividades tradicionais: os beduínos nômades vagueavam no deserto com seus dromedários e os pastores sobreviviam nas montanhas áridas, principalmente onde havia água e grupos de tamareiras. Aos poucos eles foram fazendo evoluir estas regiões que se transformaram nos oásis.

Enquanto isso, sobre a costa, atividades herdadas de longa data se expandiam através da pesca, da construção de barcos e da busca de ostras perlíferas. Foi a exploração destas pérolas naturais que transformou Dubai, da mesma forma que o Barhein e o Qatar, em plataforma comercial.

No final dos anos 1870, o porto de Dubai se tornou o mais importante do Golfo, atraindo mercadores do Irã, da Índia e de muitos outros lugares não só da região, mas também de além-mar. No final do século, Dubai já possuía um dos mais bonitos sûqs da parte sul da costa ocidental do Golfo, com um comércio crescente. Mas por volta do final dos anos 1920, a crise econômica norte-americana, que se tornou mundial, como já citamos, chegou se fazendo sentir na antiga fonte de riqueza da região.

No entanto, com o comércio do ouro que havia ali se desenvolvido, a cidade dos mercadores superou a crise, pois ainda hoje, nas proximidades do khor, está o poderoso mercado do ouro, que funciona até bem tarde da noite com intenso movimento.

O museu instalado no Forte Al-Fahidi, com suas coleções, e dioramas, deram-me de antemão uma boa noção da dimensão histórico-social não apenas da cidade, mas da região.

Construído em 1787 para defender o khor, o prédio foi transformado em museu em 1971, depois de ter servido como residência das autoridades dubaiotas. Logo na entrada, uma cabana tradicional de folhas de palma e um dhow, o barco tradicional, assumem uma posição simbólica definindo os primeiros passos que a cidade deu.

Seguindo o conjunto de salas, os objetos expostos são equacionados ao seu uso tradicional através de um jogo de pequenos audiovisuais, que me passaram a impressão de estar vendo a cena real. Assim, apareceram as danças rituais usando soberbos punhais iguais aos expostos, os artesãos trabalhando em metalurgia, tecelagem, cerâmica e joalheria tradicionais. Como se fosse um sonho, senti a história penetrando de maneira sensível, dando uma amostragem do país.

Dioramas maiores mostram a vida no deserto à noite, e o fundo do mar com os mergulhadores em busca das pérolas. Com simplicidade, mas usando uma tecnologia museográfica bem avançada, o museu repassa uma mensagem intensa sobre o lugar.

Nas proximidades, o quarteirão Bastakiya, com suas ruelas estreitas e as peculiares e tradicionais casas com torres de vento, que outrora abrigaram os ricos mercadores de pérolas e têxteis que vinham do outro lado do Golfo atraídos pelo comércio franco e acessível da região do khor dubaiota. Eles ali se estabeleceram formando uma sólida comunidade.

A maior parte dessas casas data de 1900, tendo sido construídas de coral e de pedra calcária. No entanto, o conceito de torres de vento, se para alguns é dado como misterioso, sabe-se que provinha da preocupação de controlar o ar para refrigerar os ambientes, costume que vem de longa data entre os persas e que é comum na arquitetura iraniana, principalmente da costa sul, e das beiras do deserto iraniano em Yazd.

A função das torres, como me mostraram detalhadamente, é puxar para o alto o ar quente do prédio e de lá expulsá-lo para o exterior, substituindo-o pela brisa fresca.

Passeando por ali, encontra-se uma atmosfera boêmia, com suas casas de pátio abrigando cafés, pequenos restaurantes e/ou hotéis, galerias de arte e artesanato. Bem no centro do quarteirão, a Dar Al-Nadwa, antiga casa onde os notáveis se reuniam para resolver problemas locais, hoje restaurada, passou a abrigar exposições e conferências sobre a história dos Emirados.

Saindo dali e tomando a direção noroeste, podem ser vistos trechos da antiga muralha da cidade.

Atravessando próximo da Grande Mesquita, cuja visita é privativa dos muçulmanos, chega-se ao templo hindu Sri Nathje Jayate e a Gurudaba dos sikhs. Logo depois está o antigo mercado de Bur Dubai, com seu arcabouço de madeira e antigas clarabóias, onde lojas diversificadas mostram uma pujança de cores. Além do artesanato local, muitas delas são repletas de objetos indianos, rituais ou não, além de têxteis cujo brilho dá uma aparência mágica ao grande mercado.

Voltei pelo quarteirão do patrimônio, com suas construções que abrigam coleções representativas da cidade. Ao redor deste núcleo inicial, foi necessária a demolição de uma parcela das margens do khor e do interior, onde se desenvolveu a parte moderna do fim do século XIX aos anos 1970. Os bairros de habitação que cresceram no lugar foram compostos tanto de casas quanto de pequenos edifícios, que primeiro tiveram uma forma concêntrica, a partir de dois semicírculos iniciais de Dubai e de Deira. Ao mesmo tempo, centros de atividades se estenderam ao longo do litoral e do khor, penetrando até sua parte de trás indo até os cemitérios e os terrenos ainda vazios que geralmente marcam o limite desta extensão urbana.

No final dos anos 1960, entre os negócios foi a construção de grandes hotéis que teve os índices mais notáveis de desenvolvimento. Dos primeiros hotéis de grande porte aos mais recentes passaram-se pelo menos três décadas. Eles servem, ao mesmo tempo, como marcadores da evolução da paisagem e da vida social da qual constituem, através de hospedagem e restauração, os principais pólos de encontros de negócios, de casamentos, da importação de novos hábitos alimentares e de novos modos de socialização. São também terrenos neutros e prestigiosos para os encontros íntimos ou de trabalho, além de suas boates noturnas se tornarem opções às noites privadas e familiares.

Em Deira, as instituições de maior prestígio se alinham na corniche a montante do porto dos dhows, onde ainda pode ser encontrada hospedagem mais simples e barata nos pequenos hotéis dispersados no bairro dos negócios, que se estira ao longo dessa enseada entre o velho sûq e a municipalidade. Esta é o centro de um complexo administrativo que compreende a Direção da Economia, a Direção do Cadastro e o Centro das Telecomunicações.

Se Dubai é uma cidade trepidante, o ambiente do khor traz certa calmaria, mas ao mesmo tempo é uma fonte de energia vital. Estas penetrações das águas do Golfo terra adentro, como fraturas dilatadas que permitem uma comunhão profunda do mar com a terra, são uma constante na região, mas nenhuma delas tem a vivacidade da dubaiota.

Para sua travessia, entre Deira e Dubai, quase sempre usei os abras, as já citadas embarcações de madeira que povoam as águas e são a espinha dorsal do transporte tradicional aquático da cidade. Algum tempo atrás, como atravessar a *creek* remando era muito cansativo, grande parte desses barcos foi adaptada recebendo motores diesel. Mais tarde, as autoridades locais, preocupadas com a preservação do meio ambiente, cuidaram em manter um ambiente ecoamigável, e os abras passaram a usar motores elétricos, menos poluidores.

Vendo que, com a evolução da cidade, seria necessário melhorar cada vez mais seu equipamento funcional, após um estudo realizado na época do Cheikh Rashid Al-Maktoum, foram alocados fundos especiais para o khor, sendo que para agilizar o transporte foram também construídas pontes permanentes vinculando os dois lados.

Acrescentando-se ao rendimento que o comércio e os serviços traziam, reservas de óleo foram descobertas em 1967, na própria enseada, porém em nada interferiram no encantamento da bela enseada dubaiota. Numa de suas bordas, a montante da ponte Maktoum, foi estabelecida numa vasta área verde o famoso Dubai Creek Golfe Clube e Iate Clube. Em frente, na outra margem, um vasto parque; e mais distante e interiorizados ascendem estabelecimentos hospitalares, religiosos ou desportivos cujas denominações confirmam a coexistência comunitária que prevalece em Dubai.

A extensão urbana no sudeste da cidade é maior e dedicada essencialmente aos estabelecimentos desportivos e de lazer: hipódromo e camelódromo, outros clubes de golfe (como o Emirate Golf Club, o mais antigo, a 25km ao sul da cidade), clubes náuticos e estação de observação da vida anfíbia e dos pássaros aquáticos em grande parte locais, onde uma vasta zona serve de parque natural, precedendo a zona industrial de Awir.

Este fundo de enseada foi transformado em um gigantesco parque de atração, a um custo de 500 milhões de dólares, o Dubai Magic World. Por último, ao sul, explorações agrícolas de hortaliças criaram-se na orla dos novos perímetros de urbanização.

Voltando na direção de Bur Duba, tomei a Cheikh Zayed Road, que me levou ao World Trade Centre, com suas representações e escritórios internacionais, seus hotéis e centros de convenção e exposições. Dali já se vê a torre simbólica em forma de vela de barco do luxuosíssimo hotel Burj Al-Arab, depois de passar por construções de muito bom gosto o acesso é fácil para a praia de Jumeirah, um dos pontos mais altos das novas realizações dubaiotas.

Parte 2 Jumeirah

A praia da Jumeirah ocupa os nove primeiros quilômetros da linha da costa iniciada no sudoeste da área do porto Rachid, porém seu uso foi expandido para uma área bem maior, incluindo, além da praia, os magníficos novos empreendimentos, sem esquecer que ali estão as ruínas da antiga Al Sufouh, local dos seus mais antigos povoados.

Comecei a percorrê-la pela extremidade norte da Jumeirah Road, visitando a única mesquita dubaiota que permite a visita de não-muçulmanos, através de uma instituição especialmente criada para propiciar o conhecimento da cultura islâmica, o Cheikh Mohammed Centre for Cultural Understanding. Com sua arquitetura moderna, adaptada a um meio ambiente praiano, a mesquita foi cuidadosamente planejada e construída com esmero, integrando a simbologia religiosa de forma sutil, sendo de longe reconhecida por seus dois minaretes. Ao percorrê-la, o visitante, além de conhecer todos seus detalhes arquitetônicos, pode participar de reuniões abertas a perguntas que facilitam a compreensão do que é o Islã.

Apesar do conhecimento que fui adquirindo sobre o pensamento e o ambiente muçulmano nos últimos quarenta anos, a visita à Medina de Jumeirah foi pródiga em me propiciar novos conhecimentos e interpretações trazidos de um modo simples e direto, através da relação estabelecida com o visitante. Seus grandes espaços, sua iluminação, seu silêncio interrompido apenas pelo chamar para a prece e pelos cantos rituais, proporcionam um ambiente de grande recolhimento e intensa espiritualidade.

Nas vizinhanças, um ambiente oposto, com um eterno ar de estação de férias, está Madinat Jumeirah, um grande conjunto turístico e comercial, o segundo de Dubai, em relação ao número de dubaiotas e expatriados que o freqüentam não só para compras, mas também para participar das suas variadas diversões.

A atraente arquitetura e a decoração interior de expressão árabe modernizada, sem, no entanto, esquecer sua feição tradicional, inclui fantásticos hotéis, além de um sûq sofisticado, que eu chamaria de reinterpretado, cujas aléias sinuosas e perfumadas mostram o colorido fantástico de seus produtos. As lojas estavam repletas de estrangeiros deslumbrados com os produtos orientais, uns comprando sedas e brocados, outros buscando o Amouage, o perfume omanita das cem essências, entre eles o precioso incenso branco do Dhofar. Além disso, Madinat, como os grandes *malls*, acomoda o prêt-à-porter de grandes costureiros, boutiques medianas, clássicas e exóticas, todas sempre despertando a curiosidade dos visitantes.

A área de diversões inclui os espetáculos variados de teatro, concertos na praça central tanto de oudh, o instrumento tradicional, quanto de jazz, além da música dos melhores DJ na Trilogy, a boate local.

Muito curiosa sobre as comidas, fui reparando nas variadas possibilidades de restauração, boas representantes da variedade étnica da população, numa quase visão da gastronomia planetária. Ao lado dos longos e finos spaguettini do Noodles House, juntava-se a bastila de ave, perfumada com canela, no ambiente marroquino do Shoo Fee Ma Fee. Na beira da água, os cafés atendendo às mais diversas nomenclaturas, especialidades e interpretações, além de pequenos bistrôs de diferentes amostragens culinárias. A comida indiana é sempre presente, desde as finas *dosas* do Kerala ao arroz biriani à moda de Hyderabad até um *tandoori* do Khibert Pass, cujo *masala* pode ser de influência persa, paquistanesa ou afegã.

Pitoresco com seus canais, o lugar também convida para um passeio de abras para que se tenha uma idéia mais extensa do conjunto, com seus caleidoscópios de sabores e propostas de diversão. Em frente, vê-se a Palm Island Jumeirah, a primeira das três ilhas artificiais de grande beleza e planejamento ideal, que aumentou a chance de se obter uma moradia à beira-mar.

Deixei para visitá-la com mais cuidado no dia seguinte, numa manhã de sol, quando pude observá-la sem fadiga e sem os olhos cheios de outras imagens, podendo absorver melhor seus detalhes.

As ilhas são três, em forma de palma de tamareira, com um halo em volta, e se projetam no mar muito azul da costa que vai de Jebel Ali até a praia de Deira. Além da Palm Island Jumeirah, já pronta, e a Jebel Ali bem adiantada, acelera-se a de Deira. A construção do projeto, que tem um volume aproximado de 80.000m^3,[15] conta com grandes zonas residenciais, vilas e apartamentos, além de restaurantes, parques temáticos, zonas de entretenimento, marinas, centros comerciais e hotéis de luxo. Quando sua construção for terminada, terão sido agregados mais 520km de praias locais.

---

[15]Levado a cabo pela empresa Nakheel Properties.

No meio do mar, numa direção situada entre a Palma Jumeirah e a Palma de Deira, localiza-se um conjunto de 300 ilhas artificiais denominadas "The World" (o mundo), que juntas criam a forma do mundo. Este arquipélago ainda está em construção e se espera que termine em 2008. Cada ilha será uma propriedade, e nela o proprietário poderá construir sua residência, sendo que algumas celebridades do esporte e da música já têm a sua.[16]

Recentemente, a mesma construtora anunciou um novo complexo de ilhas artificiais, "The Universe", que emulará o sol, a lua e os planetas do sistema solar.

Além da visita no local, o setor de planejamento mostra plantas e maquetes essenciais para se ter a dimensão exata destes audaciosos projetos.

Voltando a praia de Jumeirah, depois de conhecer o presente e vislumbrar o futuro, fiquei curiosa sobre o pasado da *sabka* que se estende do final do porto Rachid prosseguindo em direção do Abu Dhabi. Aquela planície longa arenosa e salgada, além de posuir vestígios antigos de ocupação humana, no passado havia sido uma estação de repouso das caravanas que percorriam a rota comercial que ligava o Omã ao atual Iraque, ou seja, que ia de Magan ao sul da Mesopotâmia. Escavações realizadas em 1968 trouxeram à luz maiores vestígios arqueológicos. Ao serem estudados, foi comprovado que eram do século VII ao XV, já do período islâmico, assegurando a existência de casas, entrepostos e mercados.

Outras investigações arqueológicas também indicaram um arsenal em metal, equipamento doméstico, restos de habitações de pedra e estuque (os principais materiais empregados para a construção das casas), artefatos de caça, moedas, cerâmicas e outras peças de uso cotidiano.

---

[16] Entre os que já adquiriram uma ilha estão o campeão de Fórmula 1 Michael Schumacher, o jogador de futebol David Beckham, o cantor Rod Stewart e o ex-jogador de futebol eleito Atleta do Século XX, Pelé.

Nos dias de hoje, grande parte deste acervo está exposto no museu de Dubai e nos demais centros culturais da zona patrimonial nas imediações da Shindagha.

Para um melhor conhecimento das raízes da civilização dubaiota, uma visita atenta ao sítio arqueológico de Al Sufouh, na Jumeirah, torna-se essencial, pois demonstra a existência de um verdadeiro Estado nos tempos pré-islâmico e islâmico, cuidadosamente preservado.

Do período pré-islâmico, construções simples marcam o lugar, que seria de apoio para as caravanas não apenas de Magan, mas também as de incenso provenientes das áreas do sul, principalmente do Dhofar. Em relação à época islâmica, o sítio arqueológico abriga memórias patrimoniais do período abássida, sendo reconhecido como um dos mais antigos sítios islâmicos do séculos IX-X d.C., das proximidades do tempo do reino abássida de Harun al-Rachid. A origem do sítio provavelmente vem da sua localização estratégica na margem ocidental do Golfo, cuja rota principal e antiga, entre a Mesopotâmia e Omã, continuou dando ao lugar boas vantagens no desenvolvimento da sua economia, comércio e arquitetura.

Nos dias atuais, traços do antigo porto e do entreposto comercial podem ser encontrados no sítio de cerca de 80.000 mil m², a 15km a sudoeste da cidade de Dubai, situado numa elevação a 4m do nível do mar. A localização deste sítio dá ênfase ao seu significado numa região que nessa época estava nas franjas de uma civilização, principalmente caracterizada pela influência do Iraque e da Síria. Sendo um dos maiores sítios islâmicos descoberto nas margens do Golfo, esta influência também ecoa até prédios menores. No conjunto encontrado, a grande arquitetura abássida aparece em detalhes como arcos, decoração ornamental, torres circulares e semicirculares, todos dando importância à delicadeza e ao valor estético, e demonstrando que na época havia uma relativa prosperidade entre os habitantes do lugar.

A existência do extenso sítio arqueológico em Jumeirah era conhecida há muito tempo, e sua primeira escavação foi realizada em 1969, pela Universidade Americana de Beirute. Anos depois, em 1974, uma equipe arqueológica iraquiana continuou os trabalhos quando foi descoberto o primeiro dos prédios, além de muitos artefatos. Mais tarde, uma equipe dubaiota ligada às autoridades de comércio e turismo prosseguiu com as escavações. Esses trabalhos, ao serem realizados, permitiram que fossem encontrados remanescentes de uma mesquita, de um sûq e prédios residenciais de diversos tipos e medidas, entre eles uma residência de cerca de 480m², que fora construída em duas etapas, com torres e pátios demonstrando o grande poder aquisitivo do proprietário.

Os vestígios da antiga mesquita demonstram ter sido o único prédio que não obedeceu ao formato geométrico retangular dos demais. Virada para a Caaba de Meca, suas inscrições antigas se referem a Mohamed como profeta, sendo que tudo leva a crer que é uma das mais antigas mesquitas daquela comunidade, datando aproximadamente do ano 1000.

Analisando todos esses achados, chega-se à solução de continuidade daquela região como sendo um lugar de comércio, iniciada desde os tempos mais antigos, das primeiras rotas entre Dilmun, Magan e Meluha, cujo início pode ser datado aproximadamente como do III milênio a.C. Seria pois ali um lugar predestinado para o desenvolvimento comercial, como hoje ainda pode ser visto no Dubai.

Parte 3 Visitando alguns dos sete irmãos

As metrópoles dos sete Emirados são todas à beira-mar, sendo a capital da Federação, Abu Dhabi, insular, separada da costa por uma estreita laguna. Dubai, Sharjah, Ajman, Umm al-Qaiwain e Ras al-Khaymah ocupam as margens de braços de mar, os khor. Enquanto Fujeirah, que não margina o Golfo, mas o mar ou Golfo de Omã, é a única que se estira num litoral retilíneo.

Ao visitá-los percebi que se são sete Emirados, são também sete universos bem diferenciados, não apenas em aparência e em tamanho, mas também em suas peculiaridades.

O maior deles, o Abu Dhabi, ocupa 86% do território, e é habitado por 40% da população. Enquanto isso, o pequeno Ajman ocupa 0,33% do território, porém abriga 5% da população total, por ser ameno, fácil de viver e ter aluguéis muito mais baratos do que os vizinhos Dubai e Sharjah. Enclaves e ilhas fazem com que os Emirados se encontrem e desencontrem nesta paisagem peculiar, onde todos se locomovem sem fronteiras.

Saindo de Dubai em direção a Sharjah, atravessei a imensa área construída após o aeroporto e em poucos minutos já via o khor da capital do Emirado vizinho, com sua bela Corniche e suas novas construções.

Era bem cedo, o calor já era forte e o sol brilhante, quando procurei a área patrimonial. Seus bem cuidados monumentos na parte mais antiga da cidade se avizinham uns dos outros formando um conjunto inteiramente restaurado, com belos e comunicativos museus.

Antiga capital dos Qawasim, os importantes homens do mar que souberam enfrentar com galhardia a Marinha britânica, Sharjah foi considerada por eles como o centro da pirataria, pois sua costa era parte atuante na chamada Costa dos Piratas. Quisessem os britânicos ou não, os Qawasim constituíam uma potência náutica na Rota das Índias, pois Sharjah na época, como primeiro porto desta costa, só cedia em importância ao Kuwait.

Preocupados, os britânicos, para maior controle, estabeleceram ali seu quartel-general, um aeroporto foi construído em 1932, além dos soldados de Sua Majestade terem ficado acantonados na cidade até 1971. Com esta permanência inglesa, a cidade perdeu muito de sua força e esplendor, e o comércio passou a favorecer o Dubai.

Embora o boom do petróleo não o tenha atingido desde cedo, a descoberta de gás permitiu que Sharjah renascesse. Khor Khalid, a enseada, foi dragada, e os dhows começaram novamente a perfilar ao longo do cais. A economia também passou a ser diferenciada: cais em águas profundas, dique seco, refinaria de petróleo, liquefação de gás e desenvolvimento de várias indústrias correlatas.

O cuidado com o patrimônio foi acelerado e vários trechos da parte antiga, refeitos, o que propiciou que a cidade readquirisse o perfil de cidade cultural como outrora fora citada nas crônicas de Ahmed Ibn Majid.

FERNANDA DE CAMARGO-MORO

No museu arqueológico, as peças da época do Bronze antigo atestam seu papel precoce de entreposto comercial, característica que ainda não perdeu, e que hoje caminha ao par com seu forte desenvolvimento no campo cultural.

O velho quarteirão com suas ruelas sombrias, verdadeiro oásis de frescura, divide seu espaço entre casas antigas e pequenas lojas de paredes brancas forradas de placas de coral, sendo um dos melhores lugares para se encontrar as pequenas e verdadeiras pérolas do Golfo.

De lá segui em frente rumo a uma casa encimada por uma torre de vento, restaurada e com o mobiliário da época conservado, seguindo depois para a casa da família Naboodah que abriga o Heritage Museum de Sharjah. Ali, o apreço à tradição começa quando antes da visita é servido, a título de boas-vindas, um típico café com cardamomos.

A coleção dá uma idéia da amplitude do patrimônio cultural daquela região de permanência humana muito antiga, onde construções e mesmo objetos de ontem cotejam similares contemporâneos. Entre os artefatos, percebemos que muitos deles ainda são necessários na vida de hoje em lugares como aquele, onde a tradição faz parte do dia-a-dia. Ao lado deste relicário do passado, o Museu de Belas Artes dá um passo adiante, demonstrando a modernidade se encontrando com a tradição.

Desde 1987, este Emirado passou a abrigar 16 museus e atraiu uma impressionante população de artistas. Um dos espaços contemporâneos de sucesso fica no Qanat al-Qasba, um complexo em que se pode ver como os artistas compõem essa mistura de tradições com modernidade. Ali se encontram passado e futuro, desde as artes beduínas, onde além da tecelagem e da metalurgia, reinam a poesia, a música e os contadores de história, até as práticas contemporâneas de desempenho artístico com livre criação, como pôde ser visto na exposição Dimensões dos Emirados.

Em 1979, depois da unificação dos Emirados, a Sociedade de Belas Artes abriu uma filial no Sharjah, porém o grande impulso foi dado 14 anos depois, quando as Bienais foram criadas, trazendo artistas do mundo inteiro, e inovando em 2005 ao focalizar a ecologia.

Seguindo pela estrada interna, e atravessando a região hoje agrícola do deserto de Dhaid, cheguei a outro ponto de encontro cultural, fácil de reconhecer por seu Corão gigantesco, que assinala o Centro Cultural de Sharjah e o vizinho museu arqueológico.

O museu, construído com apoio da França, guarda os achados arqueológicos da região, o que o torna imperdível. Contendo o material encontrado nas escavações realizadas em Mleiha, expõe desde os remanescentes da Idade do Bronze, até os da cidade de influência helenística. Para melhor explicar a transposição com a história local, ele foi completado com uma exposição da vida beduína.

Uma terceira construção no conjunto abriga um Diwan, uma sala de audiências do sultão.

Mais adiante, do outro lado do aeroporto, o Parque do Deserto acolhe o Museu de História Natural, cuja museografia moderna, magnificamente estruturada, recorre a uma criatividade digna de nota ao mostrar o meio ambiente local.

Nos últimos tempos, muitas vezes me senti desanimada com os caminhos insípidos escolhidos por certos museus e exposições em diversas regiões do planeta. No entanto, ganhei um novo entusiasmo ao visitar certos museus do Golfo como este de Sharjah, o do Forte, em Dubai, e o da Rota do Incenso, no Dhofar omanita, além de alguns outros que também me trouxeram encantamento por senti-los como verdadeiros instrumentos de guarda e plena comunicação com a população vizinha.

Continuando a viagem, o primeiro contato com o pequeno Emirado de Ajman foi através do seu museu, instalado no forte Al-Nuaimi, construção do século XVIII que outrora abrigava a realeza, e hoje abriga as coleções de Artes e Tradições Populares. A visão de uma antiga casa de barasti inicia a reconstituição da vida de outrora, que segue com uma boa amostragem do artesanato local ocupando diversas salas.

Seguindo para o khor, atravessei o animado mercado de produtos alimentícios para chegar à aconchegante marina. O ambiente da cidadezinha de Ajman é tão calmo que deixa entrever a razão das famílias o buscarem como residência.

Dali, após uma noite de sono num hotelzinho onde a simplicidade fez par com as delícias de uma noite bem dormida, segui para a Umm Al-Qaiwain, cuja capital do mesmo nome ocupa um promontório entre o Golfo e o khor.

A numerosa população oriunda do subcontinente indiano que este Emirado abriga dá ao lugar um sabor diferenciado, juntamente com os filmes em hindi no cinema ao ar livre e a venda de chapatis, tandoris e biryanis nos restaurantes de todos os tamanhos e preços, que levam o perfume das especiarias para além de suas portas. Nas ruas de pouco tráfego, vi velhos carros Rover Ambassador de fabricação indiana, na maior parte guardados à sombra das palmeiras.

Com sua simplicidade, o local dá uma idéia do que eram as cidades do Golfo antes do boom petroleiro.

Nas conversas de rua, percebi que os ingleses não são queridos entre a população. Muitas histórias me foram contadas sobre aquele burgo fortificado e poderoso ter sido rudemente bombardeado por eles por fazer parte da chamada Costa dos Piratas.

Este Emirado é hoje um dos mais pobres, sua economia continua baseada na pesca, mas recebe ajuda do governo central, muito bem-vinda, pois permite que uma grande parte de suas terras seja uma quase reserva ecológica. Uma visita ao Khor al-Beidah, localizado nas proximidades da capital, permite que se veja um número enorme de animais selvagens que formam a rica fauna local. Do cais da cidade antiga, também pude ver a ilha de Siniyah, que foi habitada pelos fundadores da atual capital, cujo impenetrável manguezal hoje serve de refúgio para aves aquáticas, grandes tartarugas e serpentes, além de inúmeros dugongos, que os árabes chamam poeticamente de *arus al-bahr*, a noiva das ondas.

A visita a ilha requer uma licença especial que não tive tempo de obter, mas pude ver nas beiradas as enormes tartarugas que pareciam suas guardiãs.

Minha parada seguinte foi em Ras al-Khaymah, onde logo ao chegar vi a imensa cidadela Kasr Al-Zubba, o legendário "castelo da rainha de Sabah", dominando a cidade.

As construções dos quarteirões modernos desfilam pela costa, enquanto os minaretes do centro antigo ocupam o promontório que fica entre o Golfo e o khor. Do outro lado, as montanhas Hadjar recortam o azul do céu com seus picos pontiagudos, acima de sua muralha de rochas metamórficas cujos plissados, perfeitamente visíveis, comprovam sua antiguidade e deixam ver uma miríade de cores ao entardecer.

O Kasr Al-Zubba foi um dos sentinelas do Estreito de Ormuz, cuja rota deu origem à cidade de Ras al-Khaymah, que sucedeu a importante Julfar. Hoje o sítio arqueológico que guarda o que permaneceu da antiga cidade mostra traços importantes do brilhante porto exportador de pérolas.

Na região, também estão os vestígios da antiga Shimal e dos túmulos do tipo Umm an (al)-Nar, o que joga o início de sua história para 2500 a 2000 a.C.

Ao contrário de outros Emirados, o passado de Ras al-Khaymah-Julfar pode contar com uma documentação escrita, precoce e detalhada, pois desde o ano 76 da Hégira (695 d.C.), os cronistas muçulmanos dão detalhes sobre o local de onde partiram as tropas para o controle da outra margem do Golfo.

Além disso, existem interessantes relatos de mercadores que ali estiveram. Mais tarde chegaram os portugueses, cujos marinheiros construíram um forte e uma alfândega, e acabaram sendo expulsos pelos ingleses e holandeses. Em 1633, foi fundada a cidade de Ras al-Khaymah, que depois de uma breve ocupação persa, em 1747, os Qawasim tomaram posse, como mais tarde fizeram com Sharjah.

De seu passado livre, Ras al-Khaymah guarda uma forte personalidade, como demonstra a história que pode ser vista no museu que ocupa o forte, que, tendo sido destruído pelos ingleses, foi completamente reconstruído, com suas torres de vento, além das de vigia, e suas portas de madeira maciça.

Ali, de longa data já começavam as precauções sobre a segurança do Estreito de Ormuz.

Parte 4 Os caminhos de Musandam

Nos anos 1970, quando da minha primeira visita ao Golfo, como anteriormente contei, pude ver do outro lado do Estreito de Ormuz os majestosos fiordes de pedra muito branca da Península de Musandam. Completando o espetáculo, mesmo de longe, era possível ver as aves marinhas pousando nos alvos picos e imaginar a beleza do fundo do mar.

Com grande pena, naquele momento, não pude atravessar o estreito e o espetáculo que tanto me entusiasmou ficou apenas guardado nos olhos.

Anos depois visitei o Omã, mas me retive no sul, na terra dos incensos, no perfumado Dhofar, que ainda guarda as pegadas do sonho da rainha de Sabah. Lembro da grande piscina adornada de azulejos de padrão andaluz da Haffa House que me hospedou, onde, mergulhada em sua água morna, aguardava as nuances do vaivém da lua, no anoitecer e no amanhecer.

Eu já sabia que o Sultanato é rico em história e poderoso em sua paisagem cultural que se insere de forma plena num poderoso meio ambiente. Contudo, ainda não seria daquela vez que eu conheceria os penhascos de Musandam, os fortes antigos, o porto de Sohar da lenda de Simbad e o encantamento da pequenina Muscat, que os portugueses batizaram Mascate e que joga de par com o grande e delicioso sûq de Muthra, sua cidade vizinha.

Desta vez, no entanto, eu estava ali em Dubai, pertinho da Península, que eu diria mágica, e não poderia ignorá-la, ainda mais porque, para ter uma noção do meio ambiente de Dubai e dos Emirados, o Estreito e a Península são imprescindíveis. Neles estão guardados tesouros ambientais junto com uma das chaves de segurança da paz e da harmonia do planeta.

Shoft, em sua tradução do *Périplo do Mar da Eritréia*,[17] relata que o Ras Musandam em tempos imemoriais foi um porto sagrado para os navegadores árabes, que ali tinham um ritual para que a passagem fosse bem-sucedida.

Mas, antes de falar sobre Musandam, seu meio ambiente, e do caminho que percorri para conhecê-la, não posso deixar de mencionar o Estreito, que passa ao lado desta fortaleza mineral, obra da natureza, e como são estreitas as passagens que regem o abastecimento mundial de hidrocarbonetos.

Quando, em 1972, vi o Estreito de Ormuz pela primeira vez, e a ponta da fantástica península, o Ras Musandam, que vai além da ilha das Cabras, já era o principal posto de observação da passagem por onde cruzam os petroleiros, usando dois canais de navegação.

---

[17]W.H. Schoff (tr. & ed.), *The Periplus of the Erythraean Sea: Travel and Trade in the Indian Ocean by a Merchant of the First Century* (London, Bombay & Calcutta, 1912).

Desde o acordo de janeiro de 1975, o Omã e o Irã, juntos, asseguram a vigilância que permite seu livre trânsito. No entanto, o controle instrumental de passagem faz-se na parte omanense do Estreito, onde está situado o dispositivo de separação de tráfego. Nos dias de hoje, a Marinha do Sultanato do Omã, a 39km da costa iraniana, controla a passagem dos navios que a cada hora navegam nos dois sentidos, pelas águas cuidadosamente vigiadas.

Apesar dos embargos e da agressividade de alguns países, principalmente dos Estados Unidos, que tenta controlar o Estreito, o tráfego normal dos petroleiros mantido por seus vizinhos permanece sendo de aproximadamente cinqüenta navios por dia.

Por trás de suas fortíssimas lupas e poderosos radares, os vigias da ilha das Cabras, na cercadura do Estreito de Ormuz, nunca deixam de ser vigilantes. A 900km do Kuwait e dos postos iraquianos e iranianos no fundo do Golfo Pérsico, e em frente à costa iraniana, eles vêem passar grande parte do abastecimento de hidrocarbonetos que geram o mundo. Isto faz com que os vigilantes aumentem cada vez mais a atenção e não durmam tranqüilos, mesmo nos turnos de descanso

Dois terços das reservas mundiais de petróleo oficialmente conhecidas se encontram nas vizinhanças das margens do Golfo. Por menor que seja a crise, o Estreito fica em alerta para qualquer eventualidade. Ali, nos canais de 3km de largura que acusam mais de 100m de profundidade, o bloqueio físico permanece sendo uma hipótese do estrategista em serviço.

Enquanto Omã controla com os radares e lupas, a Marinha iraniana se posta em lugares estratégicos, ajudando a observar. Antes de julgar certas ocorrências com olhos ocidentais, é preciso lembrar que o porto de Khasab, na base do Musandam (portanto nas vizinhanças do Estreito), tem uma intensa e amigável navegação de cabotagem com o porto iraniano de Bandar Abas. Além do mais, continua sendo um porto de entrosamento das populações das duas margens do Golfo.

O potencial desestabilizador que pode advir para o abastecimento mundial de uma interrupção neste Estreito faz necessária uma relação bem estruturada entre diplomacia e defesa, pois grande parte do petróleo que o planeta consome é produzido na região e exportado pelo mar, um vasto espaço de circulação limitado pela presença deste estrangulamento que a natureza impôs — o Estreito.

A maior parte das cargas marítimas de hidrocarbonetos, em seus longos percursos, transita por um dos quatro pontos estratégicos, os Estreitos: de Ormuz, de Malacca, e o conjunto Bab-el Mandeb — Suez e o Bósforo.

Sob o ponto de vista ocidental, o Estreito de Ormuz necessita de uma diplomacia cuidadosa em sua relação com o Irã. Durante muito tempo se acreditou que a solução seria que além do controle local houvesse um trabalho em comum das forças militares norte-americanas e da diplomacia européia visando dar maior suporte na proteção do Estreito. No entanto, este conceito caiu parcialmente por terra diante da atitude agressiva norte-americana em relação à região, o que tornou inoportuno qualquer participação sua ali. A situação é equilibrada por uma estruturação entre os dois ocupantes das margens do Estreito, e além desse diálogo, a capacitação do Sultanato como controlador, já que o país hoje é reconhecido por sua estabilidade.

Quanto à diplomacia européia, é importante sua possível intervenção em caso de necessidade, mas seria oportuna a liderança da França, cuja relação com a região foi otimizada de longa data. Paralelamente, esta diplomacia também obrigaria os Estados Unidos a não se enterrarem numa guerra que condenaria o Estreito de Ormuz, onde qualquer descontrole pode gerar uma crise mundial de impensadas proporções.

Várias soluções já foram estudadas, entre elas oleodutos que foram construídos na tentativa de contornar o Estreito, mas a sua capacidade acumulada não diminui a necessidade de passagem pelo próprio Estreito. Portos no vizinho Golfo de Omã, portanto abaixo dele, também estão sendo equipados, mas ainda não apresentam solução satisfatória.

Em todo o Golfo, e por experiência recentemente atualizada, eu destacaria, principalmente em relação à margem ocidental, a suprema atenção que é dada à proteção ambiental. Esses cuidados dos governos locais são as únicas armas contra os danos ambientais que vêm sendo provocados pelas forças estrangeiras, sobretudo norte-americanas, cujo desempenho negativo pode ser visto no desastre ambiental acontecido na Guerra do Golfo dos anos 1990.

Tempos de ontem e tempos de hoje sempre deram ao Estreito uma conotação especial. Pensando em função da história das conquistas portuguesas, tão próxima de nós, brasileiros, vemos que a perda de Ormuz e de Malacca foi um fator essencial para a tomada de posição de Portugal vis-à-vis ao Brasil.

Enfim, cheguei à beira do Musandam, num entardecer rosado em que os pássaros ainda se manifestavam fazendo algazarra, mas, logo depois, passaram a nadar silenciosamente nas águas vizinhas esperando a lua cheia.

Quando saí de Ras al-Khaymah, eu havia tomado o caminho para Khasab, porto de apoio para a Península, onde eu me hospedaria, e já podia ver a Península, constituída de impressionantes penhascos recortados por numerosas enseadas, delimitando o sul do Estreito de Ormuz. Freqüentemente chamadas de "fiordes da Arábia", estas montanhas isoladas se elevam acima de um mar turquesa, verdadeiro refúgio para a fauna aquática. São um dos territórios mais selvagens, menos povoados e certamente mais insólitos da região. Em suas águas tépidas são vislumbrados delfins, tartarugas marinhas, peixes de todas as cores e tamanhos, anêmonas, corais espessos e contorcidos, e muito amáveis dugongos.

Nos dias que passei ali, alternei meus passeios pela encosta com passeios de caiaque pelo mar, além de mergulhos mais ou menos profundos para encontrar o esplendor dos jardins marinhos.

"Fuja das águas-vivas", disse meu guia, "não pense que as belas estrelas-do-mar são amáveis", "dê passagem para a grande fila de pequenos peixes, geralmente eles têm pressa", e lá fui eu mergulhando, vendo passar uma grande quantidade de cavalinhos-marinhos dançando em sua viagem transversal, o jogo dos peixes e das anêmonas, além dos corais estendendo seus braços para o sol.

Separada do resto do Omã pelos Emirados Árabes Unidos, Musandam é a região mais ao norte do Sultanato. Devido à sua posição geográfica e ao terreno montanhoso, foi isolada do resto do país proporcionando à região se desenvolver num ritmo próprio. A recente construção de estradas através das montanhas deu hoje maior acessibilidade ao lugar, permitindo que se chegue ao alto e de lá tenha uma visão abrangente. Todavia, o esplendor da Península é maior se explorada pelo mar, e dizendo melhor, penetrando no mar, mergulhando em suas grutas, tocando sua pedra esbranquiçada que parece ter vindo de outro planeta.

A abundância de reentrâncias, similares a fiordes, alguns ligados ao continente apenas por penhascos estreitos, pequenos khors que se abrem como fendas azuis na rocha esbranquiçada, penhascos maciços que dominam a Península e formam muralhas batidas pelas águas, mostrando a surpreendente paisagem da península.

Juntando toda a população local, chega-se a 27.000 habitantes, informou o guia, mas depois fez um gesto mostrando a costa persa e continuou, "fora aqueles que chegam de lá". "Para visitar?", perguntei.

"Não, para tudo, visitar e tentar ficar." E fazendo gestos continuou, "eles sabem curar nossos males, são bons em receitar e fazer remédios, também compram muito, fazem comidas gostosas, as mulheres são muito lindas, e são nossos amigos. Por isso tudo são sempre bem-vindos, arrematou".

Khasab, a capital, conta com 18.000 habitantes e Dibba, no outro lado da Península, tem uma população aproximadamente de 5.500. Mas o lugar que eu mais gostei foi de Kumzar, a aldeia escondidinha, onde só se pode chegar de barco. Hoje, alguns são modernos para turistas, com fundo transparente, mas antigamente eram todos feitos de caniço protegido por betume.

A zona costeira é povoada de ilhas que oferecem um contato único com a natureza, enquanto pequenas aldeias aninham-se ao longo da margem tortuosa, sendo a maior parte delas acessível apenas pelo mar, como a própria Kumzar. Já as montanhas, que se elevam para mais de 2.000m acima, os árabes chamam de *Ru'us al-Jibal* (cimeiras de montanha), e formam a extremidade mais ao norte de Al-Hajar e Al-Gharbi, as montanhas ocidentais de Hajar, que ocupam a extremidade norte da Musandam. Seus habitantes principais são os Shihuh, pescadores e pastores que descendem provavelmente de habitantes originários do norte do Omã.

Deixei Musandam querendo voltar.

Voltar ou ficar? Seria a pergunta certa.

Como esquecer os jardins submersos de Musandam?

Pensei nisso no caminho de Dibba, já na região do Golfo de Omã.

Parte 5 *Descobrindo Al-Fujeyrah e seus petrogrifos*

Antes que eu partisse para os Emirados, amigos suíços me haviam falado longamente sobre os petrogrifos de Fujeirah. Segundo eles, esses interessantes gravados rupestres, além de uma demonstração de possíveis símbolos do panteão pré-islâmico e de animais da região, ilustram de forma interessante os combates militares das populações locais anteriores ao Islã em defesa da terra, e vinham sendo atentamente pesquisados pelas autoridades locais em conjunto com um grupo suíço.

A idéia de ter acesso a este material arqueológico me entusiasmou a dar certa prioridade a este Emirado na viagem que eu estava próxima a empreender. Em todo caso, Fujeirah era distante apenas 125km, aproximadamente, de Dubai, e eu ainda poderia aproveitar para visitar este Emirado na volta de Musandam.

Saindo de Dibba, depois dos dias na Península, cheguei a Fujeirah, que, como Dibba, também fica na margem do Golfo de Omã, e faz face à Índia através de uma longa costa rochosa.

Ali não existe deserto de areia, o país é montanhoso e se situa inteiramente na parte setentrional das montanhas Hadjar. Uma faixa estreita de terra abriga a capital, o restante é montanhoso com elevações de diversos níveis, e em certos lugares da costa picos abruptos se projetam diretamente nas ondas do mar.

Grande parte de suas cidades se espalha pela parte plana da costa, encostadas a uma poderosa barreira natural que as protege da monção cujas precipitações são abundantes. Os wadi, nascidos destas chuvas, entalharam a rocha escavando poderosas gargantas cujos sedimentos e minerais, no amanhecer e no final da tarde, adquirem um belo colorido, cujos tons vão transpondo do cobre ao violáceo, ao purpúreo e ao âmbar.

Esta paisagem recebeu construções de terra e de pedra, refrescadas por pedaços de verde, palmeiras e vegetações tropicais espinhosas. Ali o homem conseguiu trazer as cascatas para alimentar os falaj que irrigam a terra, e construiu fortes, além de outros postos de guarda mais simples, que se espalham pelo país.

Durante muito tempo guerras opuseram os montanheses não somente aos omanitas, mas também a eles próprios, na tentativa de consolidar a posse da terra e das vias de comunicação que ligam o Emirado aos dois Golfos, sendo um deles o árabo-pérsico. Daí o pequeno país, tornado guerreiro, ter estas ações bem marcadas através dos petrogrifos.

Com a eclosão das pesquisas arqueológicas nos Emirados, nos últimos decênios os canteiros de prospecção se multiplicaram e foi demonstrado que Fujeirah passou a participar ativamente das trocas internacionais desde muito tempo. Hoje isto é um precioso apoio para o estudo das rotas comerciais de outrora.

Sua história conta que portugueses, persas, ingleses e holandeses tentaram se estabelecer no litoral sem perturbar as tribos que viviam no interior, e que no final do século XIX, para melhor combater os ingleses, os Sharqiyin do interior foram unificados pelo Cheikh Abdallah bin Mohammed Al-Sharki, bisavô do soberano atual.

Porém, em 1925 os britânicos bombardearam o palácio do Cheikh, numa tentativa de juntar Fujeyrah à Sharjah, o que não foi considerado pelo governante local, tendo que esperar até 1952 para que este Emirado fosse aceito como o sétimo Emirado dos Estados da Trégua.

Isolado pela geografia, foi demonstrado pelas prospecções que ali não foi constatada a existência de gás ou de petróleo. Toda a sua economia é baseada na pesca e na agricultura, que deram lugar aos agroalimentares, além da extração do excelente calcário do Hadjar. Pelo que pude ver, o caminho para o turismo já está bem desenhado, pois o país de paisagem repousante difere de muitos outros locais da região.

Meu interesse pelos petrogrifos não foi em vão, pois eles primam pelo teor de sua realização, como também por seu significado simbólico. Foram estudados pelo Archaeological Survey of Fujayrah, juntamente com o Grupo de Investigações em Arqueologia Pré-histórica do Departamento de Antropologia da Universidade de Genebra no âmbito de um programa de cooperação arqueológico que associa a Suíça ao Emirado de Al-Fujayrah.

Em conformidade com as pátinas dos gravados que sugerem uma origem secular, os petrogrifos foram considerados como originários de uma população anterior à conversão ao Islã, muito provavelmente da Idade do Ferro (1350-300 a.C.), que ainda não conhecia a escrita. Esta só aparece com as culturas pré-islâmicas recentes da Península do Omã (escrita sudarábica) que substituem a partir do século IV a.C. as tribos da Idade do Ferro.

Estas populações pré-islâmicas eram, possivelmente, dirigidas por potentados de vocação guerreira que teriam desenvolvido sistemas de irrigação sofisticados, uma economia de troca dinâmica, bem como uma arte da guerra como testemunham os túmulos guerreiros e os sítios fortificados.

Foi neste contexto que gravadores teriam materializado seu panteão e relatado os seus combates militares. Funcionando desde 1987, com estadas anuais de vários meses, a arqueologia da região, em seu já mencionado programa conjunto, assinala a existência de sítios cuja prospecção metódica permitiu descobrir: túmulos megalíticos, habitações, hábitats fortificados, terraços organizados, fortificações e ateliês de extração do minério de cobre, além dos petrogrifos.

Antes de voltar a Dubai não pude deixar de notar entre as suas representações o boi de corcova, o dromedário, a serpente e o cavalo, símbolos que mostram as influências que o lugar recebeu. O boi de corcova (*Bos indicus*) tem sua origem suposta como sendo das estepes do grande deserto salgado do Irã, durante o IV milênio; teria migrado dali diretamente para o Vale do Indo, para a Mesopotâmia e para a Arábia, donde mais tarde atingiu a África, já no II milênio. No Golfo, ele também aparece num contexto de Wadi Suq (Idade do Bronze). De grande importância, este símbolo também pode servir como mais uma comprovação da influência harapeana no local. O dromedário (*Camelus dromedarius*), tudo faz crer que proviria do centro e do sul da Arábia, onde teria sido domesticado durante o IV milênio a.C, ou seja, num contexto neolítico. Já a serpente, representada pela cabeça e um corpo ondulante e globuloso, foi encontrada como decoração aplicada ou gravada também nas cerâmicas da Idade do Ferro da Arábia oriental. Na mitologia árabe pré-islâmica, a serpente é ligada à vida e à fertilidade.

A representação do cavalo é mais problemática. Historicamente, é mencionado que as populações semitas não utilizavam cavalos, enquanto na Ásia Central e no subcontinente indiano seu uso foi grande a partir do I milênio a.C.

Sabe-se, no entanto, que os primeiros restos ósseos que atestam a presença do cavalo na Península do Omã são ligados a contextos pré-islâmicos, possivelmente também originários do Vale do Indo. Assim, foi apenas alguns séculos antes da islamização que os árabes começaram a criar cavalos, a princípio de maneira muito limitada, depois aumentando cada vez mais. Os especialistas acreditam que as cavalgadas representadas poderiam refletir as incursões militares islâmicas nas populações ainda pagãs.

Deixei Fujeirah tomando a estrada de volta a Dubai, atravessando desertos e pequenos povoados com os olhos cansados de tantas imagens guardadas.

Parte 6 *Al-Ain, as fontes do deserto*

Num fim de tarde, poucos dias antes de minha partida, voltei ao Mercado do Ouro procurando um presente, e no balcão cheio consegui uma vaga ao lado de uma senhora que vestia uma bela *abbaya* negra. Ela escolhia colares e pulseiras lindíssimos e notei que o joalheiro trazia para ela ver peças cada vez mais belas que não estavam na vitrine. Reparando meu olhar entusiasmado com tanta beleza, ela me disse, num bom francês, que tocasse as pulseiras para sentir a textura do ouro. Conversando, aos poucos soube que ela estava comprando o dote da filha. Era viúva, tinha uma única filha, estudante de arqueologia na Sorbonne de Abu Dhabi, que ia se casar com um colega que conhecera nos tempos do curso secundário. Curiosa, tentei com toda diplomacia saber quem escolhera o noivo, e ela sorrindo disse, antes mesmo que eu perguntasse, que o dote fazia parte da tradição, mas a escolha ela deixara por conta de Loulou, a filha. Conversamos um pouco mais e combinamos de tomar chá no dia seguinte, no meu hotel ali perto no khor, quando eu conheceria Perle, a Loulou.

Como fora combinado, no dia seguinte à tarde chegaram as duas ao hotel, muito lindas, vestidas com suas abbaias de seda negra, e vi que Loulou tinha por baixo um jeans. Logo que retirou a veste, vi a camisa da universidade francesa que ela freqüentava com grande animação.

Aprendera francês com a mãe e a avó, e depois fizera um curso de língua francesa durante seis meses em Nancy, onde sua mãe também havia estudado. Agora cursava arqueologia no campus da Sorbonne dos Emirados e ia começar a trabalhar em uma das escavações. Falou com tanto entusiasmo da missão francesa em Al-Ain, na fronteira do Sultanato, que fiquei curiosa. Por sugestão da mãe, que educadamente na minha frente não falava uma palavra que não fosse em francês, ligou pelo celular para Ahmed, o noivo, e daí veio minha chance de conhecer o Parque Arqueológico de Al-Ain e o oásis de Buraimi.

No dia seguinte, Loulou e Ahmed chegaram muito cedo para me levar à cidade-oásis distante 150km em direção ao sul, cujo nome em árabe significa "a fonte" (Al-Ain), tal o seu elevado número de nascentes. Atualmente, é a quarta maior cidade dos Emirados, com uma população de mais de 400.000 habitantes.

O percurso de Dubai até ali, que anteriormente levava alguns dias, pelas atuais estradas asfaltadas é feito em duas horas numa velocidade razoável. Novas auto-estradas religam, entre si, Al-Ain, Abu Dhabi e Dubai, formando um triângulo no centro do país, sendo cada cidade afastada da outra cerca de 150km.

Três quilômetros depois do entroncamento de Nad Al Sheba, uma seta indicou a saída para o hipódromo do mesmo nome, e no quilômetro sete, a saída para a cidade universitária, construída para abrigar a Zayed University.

A Universidade, que recebeu o nome do Cheikh Zayed, tem dois *campi* nos Emirados, um em Abu Dhabi e um em Dubai, tendo cerca de 3.000 estudantes femininos, contou Loulou, e continuou explicando que o *campus* de Dubai tinha sido movido para ali em setembro de 2006. Segundo Ahmed, tudo leva a crer que a nova estatística mostrará muito em breve um número de estudantes ainda maior. São cinco colégios acadêmicos do tipo norte-americano, que abrangem arte, ciências históricas, exatas e naturais, além de ciências econômicas e administrativas e toda a gama de estudos de comunicação. Ahmed também comentou que o país está preparando tanto homens quanto mulheres, indiscriminadamente, para que possam levar adiante os planos de desenvolvimento futuro. Estas informações e muitas outras que o casal me passou durante a viagem foram ao encontro das avaliações sobre o desenvolvimento dos Emirados que eu vinha armazenando.

As setas mostravam, além das saídas para outros Emirados vizinhos e para regiões do Sultanato, interessantes surpresas sobre o desenvolvimento daquele deserto, como o Centro Internacional de Agricultura Biossalina, e as áreas em que o deserto conservava toda sua pureza inicial.

A paisagem ia sendo gradualmente modificada, deixando o chão achatado de pedregulhos pelas dunas de nuances de cores pálidas, que na volta nos encantaram com o luar.

São muitas as estradas vicinais que interligam a grande estrada com diversos lugares em direção a Jebel Ali e à capital Abu Dhabi, e também para outros lados, como Hatta, além de regiões do Sultanato de Omã.

Ainda veríamos mais na frente a saída da estrada que leva ao Emirado de Al-Fujayrah, por onde eu já tinha passado.

Uma parada a 45km de Dubai permitiu visitar um pequeno trecho das reservas de conservação do deserto, um projeto que demonstra um grande esforço para preservação daquele ambiente. A Dubai Desert

Conservation Reserve é formada por 225km² de terra preservada, que inclui também um pedaço intocado do ambiente. Seu objetivo é prevenir a extinção da vida selvagem e proteger a frágil ecologia do deserto.

Apoiada pela Emirates Airlines, além da atividade comum às reservas ecológicas, esta inova as propostas de conservação ambiental, com a preservação de um lugar ainda virgem, isento de qualquer tipo de intervenção, que pode ser considerado como um sítio primevo.

A passagem entre os dois Emirados, Dubai e Abu Dhabi, é inteiramente aberta, sendo apenas sinalizada, pois mesmo as pequenas aldeias de um lado e do outro não têm diferenciações. Durante todo o percurso sentimos o ambiente de paz que se estendeu ao chegamos à terra bem amada dos beduínos, ali denominados apenas *bedus*.

Esta zona historicamente conhecida pelo nome de oásis de Buraimi vem sendo habitada de modo constante há mais de quatro mil anos, e, junto com Al-Ain, é considerada um território importante ligado à herança cultural do país.

Dez mil anos atrás, tribos primitivas deixaram ali alguns artefatos de pedra, como lembranças de sua passagem. Porém, foi bem mais tarde, cerca de 5.000 anos depois, que as primeiras tribos se estabeleceram de fato no lugar. E são datados de quase mil anos à frente os maiores testemunhos da presença humana no local. Estes, já num estado mais avançado, pois além dos túmulos dos primeiros tempos foram encontrados vestígios de campos irrigados, e de intercâmbio das culturas locais com as da Mesopotâmia e as harapianas do Vale do Indo, no atual Paquistão. Tudo leva a crer que também nesta região foi encontrado um dos primeiros *falaj*, de criação árabe, portanto anterior à chegada dos persas com a sua prática de construir *qanatos*.

Foram estas leituras arqueológicas, trazidas pelo museu e pelas escavações que vêm sendo realizadas no parque arqueológico local, que haviam me entusiasmado a aceitar o simpático convite dos dois estudantes de arqueologia da Sorbonne de Abu Dhabi.

Alguns textos afirmam que foi em Al-Ain que nasceu o Cheikh Zayed bin Sultan Al Nahyan, o primeiro presidente dos EAU, responsável pela visão ambientalista moderna adotada pelo país. Cheikh Zayed, como é conhecido, teve uma ação inovadora desde que, ao iniciar seus trabalhos como governador de sua cidade natal, trouxe para ali os primeiros projetos de proteção ambiental, entrosando o patrimônio natural com o cultural. Seu trabalho, porém, havia começado muito antes, quando ainda bem jovem iniciou uma cuidadosa e direta observação das diversas populações do país, através de vivências junto às tribos do deserto e às zonas pesqueiras das margens emirati do Golfo. Tempos depois, estes conhecimentos balizaram o início, nesta região, de um projeto de desenvolvimento sustentável, cuja abrangência científica, cultural e educacional mais tarde foi projetada para todos os EAU.

As realizações de Cheikh Zayed já eram minhas conhecidas de longa data, tendo assistido a apresentação de suas propostas, além das primeiras respostas a seus trabalhos em diversos seminários internacionais. Com isso, a idéia de conhecer Al-Ain há muito tempo me entusiasmava.

O grande oásis omanita de Buraimi é hoje ligado à cidade de Omani, que praticamente se fundiu com a de Al-Ain. As fontes de água subterrâneas numerosas em toda sua vizinhança explicam a atração exercida nas populações que ali se estabeleceram de longa data. Seu antigo sistema de irrigação, através dos *aflaj,* continua em uso em diversos lugares, distribuindo as águas subterrâneas por uma rede de canais, e hoje alguns já são controlados por comportas que podem ser dirigidas e reguladas.

Entre os traços de seu passado tradicional continua sendo importante a especialização beduína de reprodução, criação, assim como a organização das competições de dromedários. Porém, hoje a produção agroalimentar adquire também uma posição de destaque.

Num primeiro olhar por Al-Ain já pude notar que ali se acumula, em relação ao país, a maior proporção de habitantes naturais dos Emirados, pois são muitos os beduínos das tribos ainda existentes em certas regiões que se acomodaram na cidade. No entanto, Al-Ain também conta com grande parte de residentes expatriados, principalmente originários do subcontinente indiano, sendo menor o número de expatriados ocidentais do que o existente nos grandes centros como Dubai e Abu Dhabi. Por sua população e os costumes que dela transcendem, Al-Ain ganhou uma aparência autenticamente oriental, diferenciada das cidades cosmopolitas dos Emirados.

Chamada freqüentemente de "cidade jardim do Golfo", devido a seus numerosos parques, avenidas e cruzamentos ajardinados, tem ainda nesta ligação com um meio ambiente saudável uma legislação essencial que faz com que os prédios não tenham mais de quatro andares, o que aprimora a impressão verdejante do lugar. Ahmed explicou que, mesmo que a região às vezes atinja todos os recordes de aumento de temperatura dos Emirados, seu ar seco equilibra o calor, tornando o lugar ameno, o que faz confluir para ali muitas casas de férias dos habitantes cansados do ar úmido do litoral.

Loulou ainda na estrada me falava com entusiasmo do Museu Nacional, de alguns fortes restaurados e dos sítios arqueológicos que datam da Idade do Bronze e do Ferro, cujos conteúdos me interessariam sobremaneira por demonstrarem o forte comércio das rotas marítimas da região.

A proximidade da chegada à cidade foi anunciada pela visão do Djebel Hafit, montanha de 1.340m que domina a região. Havíamos planejado visitá-la no final da tarde, quando a subida até o cume da montanha proporciona a visão de um magnífico anoitecer no deserto. Cuidaríamos, primeiramente, do museu e das escavações e restaurações arqueológicas, mas o fascínio do chamado horizonte Hafit, nome dado ao período, levou-nos a visitar imediatamente o piemonte da parte sul da montanha e depois localizar o material ali encontrado no eloqüente museu.

Dentro de um proposta contemporânea, as exposições não se resumem apenas ao desenvolvimento arqueológico da região, mas também ao etnográfico, além de lançar as bases sólidas para a compreensão das antigas etapas históricas dos Emirados e suas ligações com o presente.

A produção de cobre nas terras hoje ocupadas pelos Emirados era em menor escala quando foi iniciada, em cerca de 3200 a.C. A evidência é demonstrada por alguns fragmentos de cobre encontrados nos cemitérios deste período, que se multiplicaram nos períodos posteriores. Os montículos de pedregulhos encimando túmulos que havíamos visto no piemonte do Djebel Hafit indicam que a população local era relativamente grande no período denominado Horizonte Hafit. Contudo, não se encontraram ainda povoados remanescentes deste período, talvez devido ao provável uso de construções perecíveis.

As sepulturas escavadas no local trouxeram uma pequena coleção de cerâmicas do tipo Jemdet Nasr, muitas delas importadas da Mesopotâmia cerca de 5.000 anos atrás. Um grande número delas foi novamente usado durante o II e o I milênio a.C., o que veio a ser comprovado pelos objetos de bronze descobertos em seu interior.

Já o Parque Arqueológico de Hili, que envolve o Museu de Al-Ain, traz uma ampla amostragem da importância arqueológica da região. Um túmulo coletivo de pedra do período Umm an-Nar (2700-2000 a.C.) foi restaurado dentro dos padrões originais. Por suas características, foi credenciado como pertencente a este período cujo nome provém dos importantes sítios arqueológicos encontrados na região de Umm al-Nar, uma ilha vizinha da de Abu Dhabi.

A restauração local foi realizada por uma missão conjunta do CNRS (Centro Nacional de Pesquisa Científica da França), coordenada pela Dra. Sophie Méry, sob supervisão do Dr. Walid Yasin al-Tikriti, consultor de arqueologia da autoridade arqueológica local. O Dr. Tikriti afirma ser aquele túmulo um dos doze do mesmo período encontrados no Parque Arqueológico de Hili e nas suas áreas adjacentes, e que a presença ali de túmulos deste período foi primeiro percebida pelo Cheikh Zayed, que não só chamou a atenção dos arqueólogos para o achado no início dos anos 1960, como deu todo o apoio logístico necessário para que os trabalhos fossem iniciados.

Da mesma maneira que outros túmulos do mesmo período, o monumento tem a forma circular, neste caso cerca de 7m de diâmetro, com quatro compartimentos internos separados por paredes divisórias e duas entradas, sendo que os enterramentos têm lugar nos quatro compartimentos. Muito usados para enterros coletivos de uma comunidade, tiveram durante certo período seu número aumentado, chegando em alguns casos a atingir centenas de pessoas. Voltando às palavras do Dr. Tikriti, o túmulo citado teria sido usado por um período de até 200 anos.

Outros remanescentes dos estabelecimentos da Idade do Bronze, nesta região, incluem grandes torres feitas de tijolos de argila, com cerca de 20m de diâmetro, sendo que ao todo os estabelecimentos humanos cobriam até 10 hectares. Tudo leva a crer que seus habitantes eram engajados na agricultura e também no comércio internacional, trabalhando nas minas e exportando o cobre das montanhas de Hajar, para a Mesopotâmia, de onde eram importadas cerâmicas e outros itens, não só da região entre o Tigre e o Eufrates, mas também do Irã e da civilização harapiana do Vale do Indo.

O porto principal que servia Hili era junto à própria ilha de Umm al-Nar, onde túmulos coletivos e estabelecimentos habitacionais foram escavados, além de outros em Sharjah, em Al-Sufouh na Jumeirah (em Dubai), além de Ras al-Khaymah, Al-Fujayrah, e outros no Sultanato vizinho.

Os achados desta ilha deram o nome ao importante período da história do sudeste da Arábia, o denominado Período Umm an-Nar, que durou de 2700 a.C. até 2000 a.C. O sítio original é numa típica ilha próxima do litoral, com áreas costeiras baixas, em volta de uma montanha de calcário onde estão localizados os túmulos. A arqueologia dos Emirados Árabes Unidos havia sido iniciada ali, com as escavações realizadas em 1959 por uma equipe dinamarquesa que identificou cerca de 50 grandes túmulos coletivos construídos de pedra e um assentamento onde o cobre era fundido e, através de Dilmun, exportado para a Mesopotâmia, e provavelmente para Meluha, no Vale do Indo.

Ultimamente o conhecimento sobre este período se expandiu, e a Missão Francesa, que participa juntamente com as autoridades locais de Al-Ain, tem feito um trabalho essencial para o alargamento do conhecimento do período em suas diferentes localizações geográficas. No sítio inicial, porém, muita coisa mudou, pois desde o final dos anos 1970, Umm al-Nar passou a ser o lugar da primeira refinaria de petróleo dos Emirados, associada à uma estação de dessalinização e geração de energia, sem que com isso, milagrosamente, o complexo arqueológico tenha perdido sua proteção e preservação.

Depois de visitarmos o Museu e o Al-Ain Zayed Center for Heritage and History, duas das principais instituições do lugar, prosseguimos nosso périplo pelos jardins de Hili, em busca da sepultura N, cuja fama corre pelo horizonte arqueológico mundial.

Datando do fim do período, cerca de 2300-2100 a.C., apresentado sob forma de fossa longa de 8m e profundidade de 2,5, ele está situado na vizinhança imediata de um túmulo de tipo "Umm an-Nar", cuja arquitetura circular monumental é clássica. Apenas uma outra sepultura em fossa datada do mesmo período tinha sido identificada até agora no Emirado de Ajman. Da mesma forma que no túmulo N de Hili, a aparente desordem dos vestígios ósseos, como também na fossa de Ajman, fez pensar a princípio que seria destinada a receber o produto da descarga de um túmulo monumental próximo. No entanto, hoje já se sabe que o funcionamento do túmulo N de Hili não dependia do túmulo monumental adjacente, pelo menos na sua fase de utilização mais recente. Tratava-se de uma estrutura que teve o seu funcionamento próprio, destinada a receber um depósito de novos corpos, e não a descarga de uma outra sepultura. A escavação mostrou igualmente que uma parte destas ossadas talvez tivesse sido objeto de cremação, o que a faz avançar e a coloca, para efeitos cronológicos, na Idade do Ferro.

Esses primeiros resultados levam ao estudo das práticas funerárias no período Umm an-Nar e mostram possíveis transformações do ritual funerário dos habitantes locais, trazendo portanto mais luz para sua identificação.

Loulou chamou minha atenção para os dados sobre o recenseamento deste mesmo túmulo N de Hili, mostrando que o número de crianças é proporcionalmente elevado, sendo a divisão igual entre os indivíduos dos dois sexos, possivelmente ambos de estatura pequena. O estudo paleopatológico indicou certa desnutrição na infância.

Comentei que poucos países têm a disponibilidade não apenas científica, mas também financeira para arcar com um trabalho arqueológico do porte do que está sendo feito ali. Loulou continuando no seu entusiasmo, falou da participação ativa da Missão Francesa, cujos relatos escritos e orais são bem difundidos para os alunos do curso na Sorbonne emirati. Ahmed chamou a atenção sobre a transparência existente no meio arqueológico local, permitindo aos alunos e especialistas acesso aos documentos. Sem dizer nada, pensei nesta qualidade rara, pois em muitos lugares o mistério em torno das descobertas chega às raias do absurdo.

Como pudemos ver no Museu, nos vestígios do túmulo N foram também encontradas, além da cerâmica de confecção local, produções importadas em menor quantidade da Mesopotâmia e em maior da civilização Indo, sobretudo frascos com decoração pintada, levando a crer que são produtos harapeanos especiais para exportação, talvez não sendo o único caso de produtos da região do Indo fabricados para o estrangeiro, como parece indicar um estudo realizado sobre contas de cornalina exportadas para o Golfo e para a Mesopotâmia encontradas neste mesmo túmulo N. Além desse material proveniente das rotas de comércio com a Mesopotâmia e o Indo, ali foram também reconhecidos bons traços de intercâmbio com a antiga Pérsia, comprovado pela cerâmica iraniana similar à existente em outras áreas funerárias omanenses do último terço do III milênio a.C.

A cultura de Wadi Suq que cobre a maior parte do II milênio a.C., derivando principalmente da cultura de Umm an-Nar, deixa entrever que seu povo, em grande parte, reocupou os antigos estabelecimentos de seus antecessores. Um dos primeiros sítios de enterramento deste período foi localizado também em Qattarah, na mesma cidade de Al-Ain. Porém, eu vira mais evidência material desta cultura na área de Shimal, a leste de Ras al-Khaymah. O período entre Umm an-Nar e a Idade do Ferro foi descrito de 1960 a 1970, como uma idade obscura, culturalmente inexistente, mas recentes descobertas trouxeram à luz bons indicadores sobre ela. Mais tarde, as antigas sepulturas de Umm an-Nar foram substituídas pelas longas e compridas tumbas e pequenas sepulturas ovais, além de outras em forma de ferradura. A produção de cobre se tornou ainda maior no período de Wadi Suq.

A visita a Al-Ain foi uma extensa aula de arqueologia, dando uma visão tangível do que se ouve ou se lê sobre uma parte da antiga cultura daquela região. Na volta, Loulou falou sobre o que pretendia fazer depois de formada e seu interesse em fazer um estágio em Hili. Ela não alijava a possibilidade de ter filhos, e se casaria logo que se formasse, mas tinha a firme intenção de continuar a trabalhar profissionalmente como arqueóloga, com o que Ahmed concordou.

O assunto caminhou para a situação da mulher nos Emirados. Aventurei umas perguntas, mas logo parei receando que pudesse causar certo mal-estar. Contudo, a reação deles foi muito boa, e eu até diria que ela, principalmente, gostou de poder tocar no assunto, já que era uma das jovens emirati que firmavam uma posição igualitária para todos.

Nas conversas com mulheres de diversas idades, em Dubai, eu já havia percebido que não existe ampla discriminação no que diz respeito às mulheres, permitindo-lhes que tenham o mesmo acesso à educação que os homens, além de conduzirem automóveis e motos, trabalharem, e passearem constantemente pelas ruas num clima de perfeita desinibição. Ao contrário do que eu interpretei, um amigo meu, inteligente diplomata brasileiro que serviu alguns anos atrás nos EAU, acha que ali a figura materna inibe a evolução das filhas para a modernidade. No entanto, na minha opinião, nestes muitos anos que nossas experiências se separam, esta intervenção aos poucos se modificou. Conheci diversas jovens dubaiotas que já tinham traçado sua opção de vida com maior liberdade, e também mulheres mais velhas que tentavam, e muitas conseguiam, abrir seus conceitos. A mãe de Loulou parece ser um bom exemplo. Viúva, de família tradicional, tinha uma mentalidade moderna

FERNANDA DE CAMARGO-MORO

e criava sua única filha dentro de uma visão contemporânea, onde a liberdade teria como freio a ética do comportamento.

Loulou, tomando a palavra, foi na direção do que eu estava curiosa: a aparência.

— É verdade que muitas mulheres, mesmo jovens, usam a abbaia, a veste negra, para saírem de casa. Talvez por tradição, mas nada impede que por baixo destas vestes usem roupas modernas como as que vestem em suas casas. Eu mesma tenho duas que me facilitam muito a vida, principalmente nas saídas rápidas, além de saber que elas sempre acrescentam algo mais à figura feminina.

Como eu já tina reparado no Iêmen, este vestuário tradicional dá uma grande harmonia na paisagem, respondi.

Ela continuou explicando que nos dias atuais já existe um bom número de mulheres emirati que ocupam cargos importantes e de grande responsabilidade, e este número deverá ser multiplicado, pois a formação em todos os campos de especialização inclui cada vez mais mulheres.

Sua universidade, a Paris-Sorbonne-Abu Dhabi, como, após ouvir o entusiasmo tanto dela quanto de Ahmed, no dia seguinte pude constatar, é um projeto de longo alcance. Funcionando desde 2006, como *campus* da mais importante universidade francesa, está levando para ali a possibilidade de formação de novos quadros dentro do intenso movimento de desenvolvimento educativo, social e cultural do país, que assim se estenderá também por toda a região.

Seu programa, o qual pude tomar conhecimento com detalhes, não é apenas abrangente, mas objetivo, oferecendo ao estudante uma ampla escolha. Esta função educativa, abalizada por um dos melhores centros de ensino existentes, proporcionará gerações capacitadas a desenvolver as propostas que o país se impôs.

Se eu tinha voltado muito entusiasmada com o que vi em Al-Ain, no dia seguinte, ao visitar o *campus* emirati da universidade francesa, minha velha conhecida, meu entusiasmo se enriqueceu ainda mais, com a certeza que magníficos trabalhos arqueológicos como vi em Al-Ain tinham chance de se multiplicar através da formação, bem como nas outras especialidades que aquele *campus* trouxe.

Ao chegarmos ao hotel, Laila, a mãe de Loulou, aguardava-nos para saber se tudo correra bem e aproveitar para se despedir.

Quando cheguei ao quarto, um embrulho continha um belo livro de aquarelas sobre os Emirados, com um cartão adorável das minhas duas novas amigas dubaiotas, desejando boa viagem e rápido retorno.

VOLTANDO A DUBAI: REFLEXÕES

Parte 1 *Reflexões sobre Dubai*

A descoberta das reservas petrolíferas de Dubai, em 1966, deu mais uma guinada positiva na economia local, iniciando uma nova era comercial principalmente a partir 1969, quando começou a exportação, que coincidiu com a movimentação dos ingleses para deixar a região, e, pouco depois, com a decisão dos governadores, encabeçados pelos do Abu Dhabi e do Dubai, de fundar a Federação dos Emirados Árabes Unidos.

Envolvido pelo ritmo das perfurações, de uma liberdade comercial muito maior, e influenciando a continuidade das trocas, Dubai, simples escala do comércio do ouro, entrou no III milênio avançando em novos conceitos econômicos. Futurista na sua bem pensada arquitetura, que mesmo assim não abandonou o traçado simbólico de suas raízes, a cidade é conservadora no respeito às tradições beduínas. Pelo seu dinamismo comercial e seu estatuto de porto honesto, ela se impôs como praça financeira do Oriente Médio, enquanto seus equipamentos a consagraram como o primeiro destino turístico, e seus centros de negócios rivalizam em modernidade com os do mundo inteiro.

No entanto, a alguns metros de lá, tendas beduínas prosseguem a vida começada há vários milênios e dão lugar a uma revisão das tradições antigas e estruturais do lugar.

O poderoso desempenho na ciência e na tecnologia

Em face do grande desenvolvimento científico e tecnológico, o governo incentivou empresas a investirem na cidade, usando tecnologias de ponta em todas as suas atividades e criando ofertas vantajosas para a instalação e o desenvolvimento dessas empresas. A estas ofertas se juntou a crescente mão-de-obra especializada, uma grande flexibilidade através do uso intensivo dos serviços informatizados de comunicação, além da estipulação de zonas francas de comércio e a criação de novos ramos de atividade e de diversão.

Estas ações, postas em prática pelo atual governador, baseiam-se no comprometimento em prosseguir o sonho de seu pai. Apoiado por seus irmãos transformou Dubai numa das cidades tecnológica e comercialmente mais desenvolvidas do planeta.

A Dubai Media City, criada no início de 2001, demonstra como a cidade rapidamente se adaptou à introdução do e-commerce e avançou sobre o desenvolvimento tecnológico dos anos mais recentes. As fundações da Dubai Internet City em outubro de 2000, seguidas pela citada Dubai Media City, atraíram para ali as grandes multinacionais. Estes dois estabelecimentos oferecem aos seus clientes infra-estruturas ultramodernas e numerosas vantagens comerciais, e com a Dubai Knowledge Village (Aldeia do Saber de Dubai), formam a Dubai

Technology, e-Commerce and Media Free Zone, um elemento que centraliza os planos futuros deste Emirado.

A tecnologia da informação não foi incorporada apenas ao comércio ou à indústria local, mas também ao seu sistema educativo e às diversas áreas do governo. O Projeto Educativo da Tecnologia da Informação do Cheikh Mohammed bin Rachid assegura à juventude de Dubai e dos EAU envolvimento com as últimas tecnologias que favorece sua posterior profissionalização. Com isso, está previsto um bom número de cidadãos qualificados que ocuparão postos futuros na indústria tecnológica, e também em outras indústrias que optarem pelo sistema.

Além dos centros de ensino de excelente nível estabelecidos pelo governo, também foram dados incentivos para que universidades estrangeiras ali se estabelecessem com programas avançados. Assim podemos ver nas imediações da própria Media City o campus da Universidade Americana, cujos cursos de graduação e pós-graduação também proporcionam boa qualificação para a mão-de-obra, assim como a Universidade Cheikh Zayed, cujo novo campus na estrada para Al-Ain se incumbe de aumentar ainda mais a participação feminina neste processo de desenvolvimento.

O projeto eletrônico, outro plano vital do governo, em seu portal inaugurado em outubro de 2001, colocou o governo de Dubai como um dos primeiros do mundo a aparecer integralmente na internet, proporcionando aos habitantes o poder de utilizar o portal para formular ou renovar toda espécie de pedidos de licenças, pagamentos de taxas, pedidos de informações e muitas outras possibilidades que se ampliam cada vez mais.

Em direção ao mundo das finanças internacionais, a abertura, em fevereiro de 2002, do Centro Financeiro Internacional de Dubai cria uma ponte para estes serviços entre a região e os mercados internacionais, funcionando durante 24 horas. É preciso também lembrar como o Centro criou um ambiente ideal para os negócios, baseado numa infra-estrutura altamente desenvolvida que controla as regulamentações e as leis que rivalizam com as melhores de que se tem notícia.

Este esplêndido desenvolvimento também é reconhecido através do desempenho do aeroporto internacional. Embora já conhecesse muita afluência, a maioria dos passageiros era apenas transitória e ligada ao mundo dos negócios. Hoje, são milhões de turistas que vêm passar férias em Dubai, cujo arco de diversão e de instituições que propõem o relaxamento e o bem-estar aumenta a cada dia.

Em 2001, o sofisticado terminal Cheikh Rashid foi inaugurado para fornecer conforto ao número crescente de passageiros. Os terrenos nas vizinhanças do aeroporto que haviam estado vazios durante muito tempo passaram a receber áreas de atividades a ele integradas. Com isto, foi formado um grande e maleável bloco de transporte, que interage com sucesso dentro do panorama de importação e exportação.

Um aeroporto internacional eficiente faz com que a cidade assuma uma atração centrífuga espacial e economicamente integradora das várias infra-estruturas estratégicas para o seu desenvolvimento, entre as quais as centrais elétricas e as estações de dessanilização da água de mar desempenham um papel-chave.

Tornado em alguns anos uma placa rotativa dos transportes aéreos regionais e transcontinentais, regulares e de charters, hoje é considerado o maior *hub* do Oriente Médio. Dentro desta perspectiva, o aeroporto simboliza igualmente a estratégia e as concepções da cidade, visto que sua atividade referente aos passageiros é integrada a um importante complexo comercial *tax free*, que drena os viajantes não só pelos preços tentadores, mas também pela oferta de produtos.

Emirados Árabes Unidos

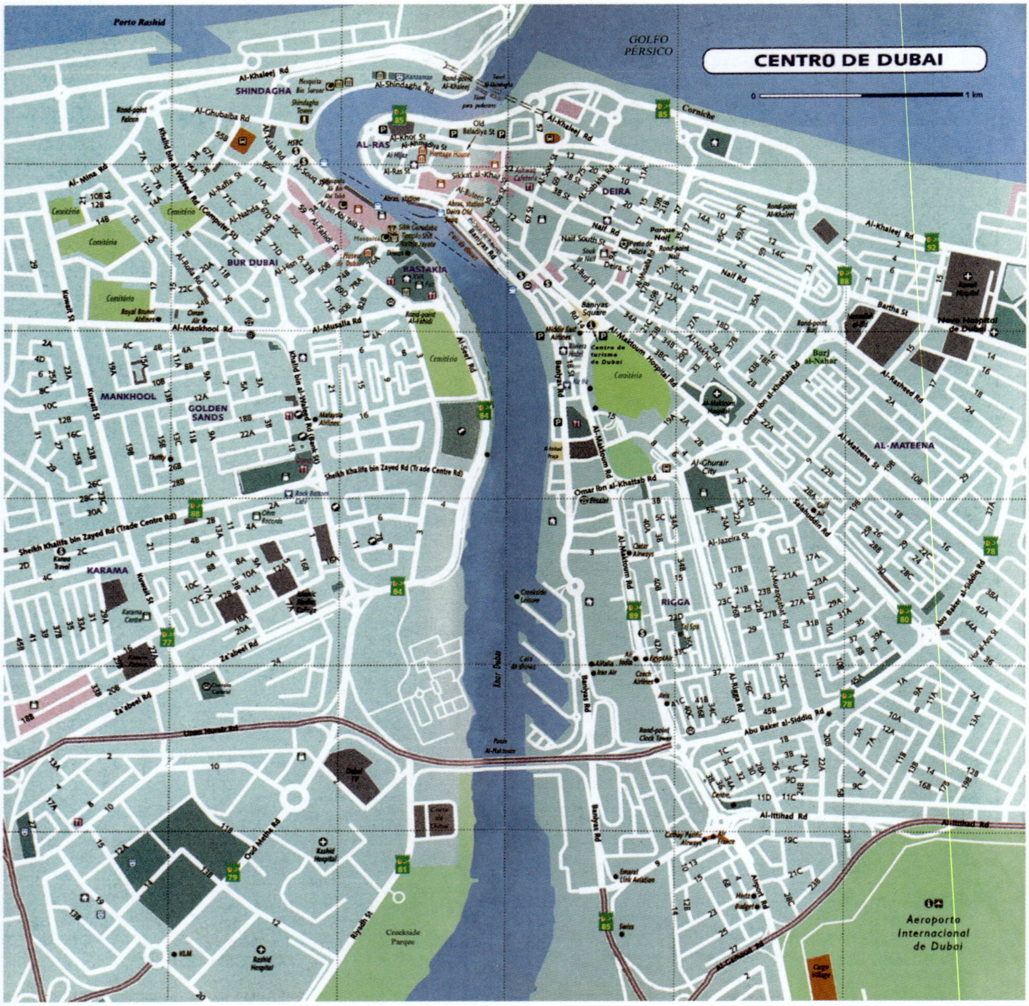
CENTRO DE DUBAI
GOLFO PÉRSICO
1 km
Porto Rashid
SHINDAGHA
AL-RAS
DEIRA
BUR DUBAI
BASTAKIA
MANKHOOL
GOLDEN SANDS
KARAMA
RIGGA
AL-MATEENA
Al-Khaleej Rd
Al-Ghubaiba Rd
Al-Mina Rd
Kuwait St
Al-Maakhool Rd
Al-Musalla Rd
Al-Seef Rd
Khalid bin al-Waleed Rd
Sheikh Khalifa bin Zayed Rd (Trade Centre Rd)
Za'abeel Rd
Oud Metha Rd
Riyadh St
Baniyas Rd
Naif Rd
Al-Maktoum Rd
Al-Maktoum Hospital Rd
Omar ibn al-Khattab Rd
Al-Rasheed Rd
Al-Jazeira St
Abu Baker al-Siddiq Rd
Al-Ittihad Rd
Airport Rd
Corniche
Khor Dubai
Baniyas Square
Cemitério
Creekside Parque
Aeroporto Internacional de Dubai
Rashid Hospital
Al-Maktoum Hospital
Al-Ghurair City
Ponte Al-Maktoum
Cargo Village

ARABIA.

OCEANO ATLÂNTICO
ILHAS BRITÂNICAS
OCEANO ÁRTICO
MAR DA NORUEGA
MAR DE BARENTS
TERRA NOVA
MAR DE KARA
ILHAS FRANCISCO JOSÉ
MAR DO NORTE
GRÃ-BRETANHA
PENÍNSULA IBÉRICA
PIRINEUS
MAR BÁLTICO
PLANÍCIE DA SIBÉRIA OCIDENTAL
MONTES URAIS
MONTES UVALES SETENTRIONAIS
PLANALTO DO VOLGA
MONTES ATLAS
GRANDE ERG OCIDENTAL
GRANDE ERG ORIENTAL
MAR MEDITERRÂNEO
MAR ADRIÁTICO
MAR NEGRO
CRIMEIA
DEPRESSÃO DO CÁSPIO
CÁUCASO
MAR CÁSPIO
PLANALTO DO CAZAQUISTÃO
ANATÓLIA
DESERTO DA LÍBIA
TIBESTI
SAARA
SAHEL
TRIPOLITÂNIA
CIRENAICA
FAZZAN
KARA-KUM
MONTES ELBURZ
MONTES ZAGROS
DESERTO DE TAKLIMAKEN
HINDU KUSH
PENÍNSULA ARÁBICA
AN-NAFŪD
DESERTO DE RUB AL-KHALI
MAR VERMELHO
Golfo Pérsico
Golfo de Omã
Golfo de Aden
MACIÇO DA ETIÓPIA
Lago Vitória
MAR DA ARÁBIA
PLANALTO DO DECÃ
SRI LANKA
ILHAS LAQUEDIVAS
MALDIVAS
ILHAS AMIRANTES
SEYCHELLES
OCEANO ÍNDICO

Quanto à atividade-frete, é concentrada num grande espaço para a estocagem de cargas, capaz de tratar 250.000 t/ano, criado em 1991 sobre uma área de 43.000m² no recinto do aeroporto. Esta integração assegura a transferência das mercadorias importadas por via marítima do Extremo Oriente e expedidas de lá e de cá por via aérea, e vice-versa. Assim, a vizinhança do aeroporto com a área portuária resolveu um problema ainda existente na maior parte das grandes capitais.

Como portos, Dubai conta, além daqueles do khor, com os portos Rachid, Jebel Ali e Hamriyah, no Golfo, e também com o de Khor Fakkan, sobre o Golfo de Omã, portanto liberado da passagem pelo Estreito de Ormuz, e também de rápido acesso do aeroporto. Sete cais de frete combinados fazem dali uma das zonas mais eficientes para este tipo de transbordamento de que se tem notícia. Assim, Dubai adquiriu uma excelência nas atividades de reexportação, graças às suas conexões simples e rápidas entre os transportes aéreos e marítimos.

Neste domínio, a atividade dos barcos que ligam Dubai a Qeshm ou Bandar Abbas, no Irã, e que saem dos cais do khor, também desempenha um papel preponderante; assim como o tráfego aéreo intenso que a liga às cidades mais recuadas da Ásia Central ou da imensidão russa, que também pertence à mesma categoria de atividades essenciais para o bom relacionamento com a outra parte do Oriente.

Os antigos portos do khor e de Hamriyah funcionam em plena capacidade, sendo que o da enseada desempenha um papel importante na redistribuição das cargas para o Irã, a Índia e a África oriental. Além disso, Dubai conta com outros portos supermodernos, já citados, que foram bem equipados antes de todos os rivais da região. O principal deles, Port Rachid, entrou em atividade em 1972 e a sua capacidade foi duplicada na seqüência da forte expansão petrolífera de 1973. Sua proximidade imediata da cidade e do aeroporto faz com que ele desempenhe um papel essencial no abastecimento da cidade, na importação e reexportação de bens de consumo e de bens de equipamento. Este porto prolonga-se ao sul pelas bacias de reparação e pelo dique seco para os *supertankers* que tornaram este Emirado um rival do Bahrein na manutenção dos petroleiros que freqüentam o Golfo. Embora sua colocação em serviço date de 1979, seus trabalhos foram terminados somente em 1982. Mais próximo dos novos quarteirões da Jumeirah está o porto de Jebel Ali, também moderníssimo e atuante, que passou a receber barcos de luxo.

Toda esta estruturação prepara a grande cidade emirati para continuar sua trajetória ampla e firme rumo a um futuro promissor.

FERNANDA DE CAMARGO-MORO

Parte 2 Sûq, bazar, mercado, elementos de tradição cultural

Entre as numerosas iniciativas que foram introduzidas para atrair mais visitantes, uma é o Festival de Compras, manifestação anual que dura um mês e durante a qual a maioria das lojas de Dubai propõe diminuições consideráveis sobre os preços de seus produtos. Entre as particularidades mais populares deste festival está a Aldeia Global, que conta com a participação de diversos países que aproveitam a ocasião para apresentar o seu patrimônio cultural através de exposições sobre artesanato, confecção, alimentação e folclore.

Os shopping malls, pouco a pouco, vão sendo incorporados ao perfil da cidade como monumentos numa solução de continuidade aos antigos sûqs, bazares e mercados, embora estes continuem ativos e bastante freqüentados. O desenho dessas imensas construções que abrigam múltiplas lojas tem geralmente algo de muito criativo, que vai do kitsch ao superluxuoso de perfil quase clássico. Se pensarmos sem as preocupações que se tornaram antigas e que durante muito tempo obstruíram a entrada do comércio nos pensamentos mais intelectualizados, reconhecemos seu valor e, principalmente, a criatividade do seu design. Da mesma forma que as rotas de comércio foram os maiores condutores de expansão cultural entre os diversos povos, o comércio atual cada vez mais busca os mesmos caminhos.

Felizes as mulheres orientais e ocidentais que buscam com devoção todos os tipos de mercado, e os homens que pouco a pouco os descobrem, porém guardando as reservas a que interpretações anteriores os obrigam. Enquanto a mulher conjuga os mercados com o fazer e o lazer, durante muito tempo os homens só os interpretavam dentro do conceito de ganho, de fazer, esquecendo-se de aproveitar os espaços como lugares aptos para um lazer sem limites.

Emirates Mall, Whaffi Center, Ibn Battuta Mall, Coral, Madinah Jumeirah, e futuramente o Dubai Mall e o Mall of Arabia, são lugares onde surpreendentes inovações e maravilhas, sejam elas úteis ou não, são colocadas ao olhar do visitante, mas também abrem a possibilidade deste olhar poder ser permanente através da aquisição de seus produtos.

Mercados, bazares, sûqs sempre me entusiasmaram, e eu poderia dizer até que sempre os persegui pelo mundo afora. Agentes de humanidade e urbanidade, eles são também os lugares de uma sociabilidade pública que falta, dramaticamente, na maior parte das cidades de crescimento recente em muitas regiões do planeta.

As relações comerciais dos sûqs são, com freqüência, a base das relações humanas que possibilitam ao emigrante mandar buscar sua família nas metrópoles da Índia, nas cidades caravaneiras do elevado Paquistão, ou em alguns portos do Levante. Em certas cidades, como em Dubai, por exemplo, suas vielas são os raros lugares atribuídos aos pedestres, que proporcionam os prazeres do passeio, de flanar, de comprar pequenas lembranças muitas vezes queridas e inúteis, e de tomar sumos de frutos frescos, provar as especialidades rústicas do lugar e se lambuzar tomando sorvetes.

Lugar de conversa, principalmente entre homens originários do mesmo país, emigrados se sentindo quase exilados, que graças aos novos telefones computadorizados vêm telefonar para sua família, ou trocar dinheiro nas farmácias privadas, onde podem se sentar e compartilhar notícias esperando a sua vez. Mesmo os espaços privados, assim como as lojas, são nestes mercados lugares de relaxamento, onde podem deixar cair a máscara laboriosa da semana.

Os velhos sûqs de Dubai e Deira, longe de serem museificados, apesar da renovação da qual foram objeto, continuam tendo suas vielas apertadas. Em alguns deles as aléias de pedestres são protegidas por clarabóias com estrutura de madeira, em outros, permanecem ao ar livre como lugares de vida intensa e de atividade comercial. Como sempre eles apresentam uma forte especialização: sûq das especiarias, sûq do ouro, sûq dos tecidos, que no final vão se misturando com as lojas baratas que se formam na continuação de certas ruas. Lojas que vendem utilitários para a casa, lojas de material eletrônico mais simples ou de reposição, como as da rua Al-Fahidi, ou certos centros comerciais mais cuidados como o Deira Tower, onde são colocados à venda tapetes persas e afegãos.

Quando a noite chega, a atividade trepidante se estende; é aumentado o afluxo de todas as categorias de públicos nesses espaços, sendo assinalado seu papel ao mesmo tempo econômico e social.

Visitando os sûqs de Dubai e analisando suas abordagens, como em outros lugares, é reconhecida a existência de uma microeconomia de pequenos comércios e tendas de produtos de consumo corrente, importados essenciais para o cumprimento das tradições, mas também fabricados no lugar, em ateliês disseminados na cidade. Esta circulação comercial não é uma sobrevivência folclórica em resposta à grande distribuição onipresente, ela oferece produtos que respondem a um pedido local específico, não estandardizado e barato, que se dirige à clientela dos bairros populares.

Contudo, não é lá o mundo do informal ou do marginal; pelo contrário, este comércio de varejo freqüentemente se liga às empresas *import-export* e, por conseguinte, às redes que emanam ou conduzem a Seul, Taiwan, Mumbai ou Karachi.

O famoso sûq do ouro, em Deira, é da competência desta mesma cultura, com suas 300 lojas apertadas umas contra as outras, onde a profusão de colares e braceletes de ouro puro e brilhante parece incandescente, dando um aspecto feérico às vitrines do lugar.

Comprar ali especiarias, incensos, outras resinas aromáticas e preciosos *bukhurs* vale pelo cenário e pelo desejo de participação desta atividade revestida de sonho. Nos sûqs e bazares se espera encontrar todos os personagens das mil e uma noites, imaginando-se no lugar do contador de histórias: uma bela Sheherazade, encontrar Simbad desembarcando no cais vizinho, passar por Aladim e pelo califa Harun em sua interpretação lendária. As pequenas lâmpadas de bronze e as incensadeiras do Dhofar passam a contar história, provocando a tentação de esfregar as lâmpadas e acender incensos para tentar satisfazer desejos.

Fascinante também é o comércio de roupas, dispostas em lojas na beira da rua que oferecem negras abbaias e brancas e masculinas disdachas que se tornam mais caras para nós, estrangeiros, mas que vale colocar na mala. Saímos destes lugares perfumadas com mil cheiros, com mil pacotinhos nas mãos, e cheias de sonhos na cabeça.

FERNANDA DE CAMARGO-MORO

Uma coisa é a primeira visão do sûq como estrangeira, turista, empolgada com estes lugares cheios de vida, onde uma multidão acorre entusiasmada pelo colorido das frutas e legumes, e onde o perfume das especiarias se encontra com as nuvens dos incensos fazendo as jóias e bijuterias se parecerem. Outra é analisar o mercado diante da população da cidade, ali nos Estados do Golfo, nos Emirados e, principalmente, no Dubai, onde o contingente emigratório ultrapassa a população de origem local.

Seria preciso um trabalho maior de observação, porém os primeiros tempos ainda sob o efeito maravilha permitem apenas esta pequena reflexão.

Parte 3 *Dos habitantes*

Uma sociedade muito compartimentada, onde vivem autóctones e estrangeiros, muitos desses expatriados, não existe apenas no Dubai, mas em grande parte dos Emirados e dos outros Estados do Golfo. No Dubai, onde pude observar melhor, os autóctones têm geralmente seus próprios afazeres e certa parte deles prefere levar sua vida tradicional, longe da modificação ultra-rápida que vive o lugar, sendo que alguns parecem ter dificuldades em traduzir sua participação no desenvolvimento fantástico que se processa. Por outro lado, a distância muitas vezes mantida com o estrangeiro é uma proteção à sua intimidade. Porém, são muitas as exceções. Ao contrário do que eu pensava antes de chegar, muitas portas se abriram e pude me relacionar com autóctones de idéias avançadíssimas, e de conhecimento amplo sobre o mundo em que vivemos.

Quanto aos estrangeiros, reza a fama que o expatriado de um modo geral aplica a regra de ouro de não se misturar com algo além do seu trabalho, para não arriscar a expulsão. Também neste ponto tive a imensa satisfação de poder trocar idéias, principalmente com iranianos e indianos do Kerala e do Punjab.

Não cabe aqui analisar o estatuto que rege autóctones e estrangeiros em geral. Tentei, como observadora interessada, perceber a olho nu como eles usam a cidade, quais são os diferentes papéis assumidos pelos seus habitantes, individualmente ou em grupos, e como se ligam ao meio ambiente em transformação de uma cidade que procura construir um futuro.

O crescimento da cidade — com sua população diante do equipamento cultural e industrial em funcionamento, aos novos projetos em execução ou apenas programados, a estes se juntando suas ruas, a freqüência de seus hotéis, de seus shopping centers, seus restaurantes, bares, campos de golfe, suas praias, suas salas de congressos e suas cadeias de televisão — trazem a pergunta: além dos turistas, quem os freqüenta?

Para responder, temos que pensar na população dali e não podemos esquecer as forças de propulsão que a marcaram sobremaneira: o petróleo hoje, o ouro em solução de continuidade, as pérolas ontem, e o antigo e intensivo comércio de outrora entre o Golfo, a Mesopotâmia e o Vale do Indo. Mas também qual é o motor do sucesso da cidade, quais são as aspirações dos seus habitantes, como se arruma este mosaico social.

Dubai é uma cidade cogumelo, cuja população foi multiplicada por 70 em um século, por mais cinco vezes entre 1900 e 1968, e atingiu seu período de crescimento recorde devido às guerras que atingiram o Golfo nos anos 1990, quando ela foi considerada um lugar afeito a paz e a prosperidade.

FERNANDA DE CAMARGO-MORO

O desenvolvimento populacional desta cidade não é excepcional nesta região do mundo, pois todas as povoações do Golfo que se beneficiaram do cesto petroleiro conheceram boas taxas de crescimento no século XX. Abu Dhabi, capital política e principal produtor de petróleo da Federação Emirados Árabes Unidos, de certa forma obteve um crescimento parecido ao de Dubai por também pertencer ao paradigma das cidades petroleiras do Golfo, e da mesma forma seu crescimento tem contado com a participação do afluxo de trabalhadores imigrados. Estes, atraídos pelas necessidades de uma economia deliberadamente construída por seus promotores, representam 85% da população, e, geralmente, são originários de áreas culturais inteiramente diferentes, sobretudo do subcontinente indiano.

Porém, Abu Dhabi e Dubai diferem profundamente, pois, ao contrário do Abu Dhabi, Dubai se transformou numa grande cidade, pólo regional e até mundial de negócios, sem se beneficiar apenas dos recursos consideráveis de hidrocarbonetos, pois os dali serão esgotados entre 2010-2020. Abu Dhabi, por sua vez, além de muito mais pródigo em petróleo, ainda contou com o estatuto de capital política dos Emirados, o que o irmana com outras capitais.

O crescimento de Dubai foi rápido e dominou simultaneamente o urbanismo e o funcionamento social, apesar da consistência do desequilíbrio demográfico entre cidadãos e estrangeiros. Esta cidade, onde a possibilidade de ganhar dinheiro explica a concentração humana que rapidamente se fez sobre a margem outrora árida do Golfo, deixa entrever a que ponto o lucro é presente como incentivo no funcionamento de uma sociedade muito diversa e estratificada, que tenta com sucesso ser cosmopolita.

Na minha observação, ela lembra aquela que os otomanos estabeleceram nos seus *emporia* do Mediterrâneo oriental. Tais empórios não apenas fizeram nascer, mas desenvolveram eloqüentes civilizações baseadas em misturas étnicas e lingüísticas.

A população de Dubai forma um conjunto de grupos humanos de funções às vezes especializadas, cuja articulação profissional é geradora de riquezas, mas cuja vida social comum ainda está em lenta construção. Num olhar sobre a forma de agregação destes grupos humanos dubaiotas, vê-se que eles ainda formam um mosaico cultural e não um cadinho cultural.

O mesmo papel de *emporium* essa cidade desempenha em função de seu relacionamento com os comerciantes africanos vindos primeiramente das vizinhanças da Península Arábica ocidental, como a Somália (mas também passaram a aderir os de mais longe, tendo como exemplo a Costa de Marfim ou o Congo). Esses comerciantes ali aportam para fazer as suas compras, apoiados nas proto-redes de negociantes daqueles países instalados em Dubai, como pude observar nos grandes centros comerciais.

Uma questão que logo me pousou foi sobre a sucessão dos indivíduos que, por períodos mais ou menos longos, chegando até a várias gerações, ali se enraizaram com seus modelos de comportamento social, sofrendo aculturações maiores ou menores, o que permitiria um estudo sociológico transversal de comportamentos.

Os cidadãos ali nascidos, ou nacionais, e os primeiros habitantes da cidade têm certamente uma ligação maior com o lugar, pois os pais de muitos deles construíram as primeiras casas e abriram as primeiras lojas. O caso é de difícil análise, pois nem todos os cidadãos são citadinos de verdade. Muitos podem provir de tribos beduínas do interior, atraídos pela prosperidade da cidade, outros chegaram mais recentemente de um elevado número de lugares, enquanto os descendentes dos primeiros comerciantes iranianos ou indianos podem legitimamente considerar que seus antepassados deveriam ser contabilizados entre os mais antigos habitantes, quase iguais aos nacionais.

Estes, entretanto, constituem uma categoria à parte da população, gozando da renda petroleira num estado providencial que ampara todas as suas necessidades essenciais, o que não acontece com os demais. Como são eles em sua vida diária, seus lugares e modos de sociabilidade, quais valores sustentam suas atitudes? Por que eles aceitam tal modificação na cidade, que tanto difere de suas tradições e resvala numa sociedade modificada que ali se instala? Fazem eles parte de um grupo diferenciado ou, como se pode supor, também foram influenciados pelas segmentações que estruturam qualquer sociedade árabe?

Há entre eles grupos ou indivíduos que controlam a tomada de decisão, enquanto outros são acantonados num papel de consumidores silenciosos?

Esta é uma questão que os estudiosos estrangeiros, principalmente aqueles ligados à sociologia e à política, se impõem. Todavia, minha observação *in situ* mostrou a existência de indivíduos e famílias dos mais diferentes níveis econômicos, que, apesar de não terem as benesses dos cidadãos, vivem felizes com o que lhes coube dentro da renovada proposta da urbe.

Posso afiançar que minha observação não estacionou em poucas famílias e de características similares, mas busquei uma escala diferenciada de constelações familiares.

A palheta dos imigrantes é das mais variadas, pois abarca, além da diversidade das origens e das culturas, as condições socioeconômicas, os estatutos jurídicos, a possibilidade de expressão — uma total diversidade nos graus e nos modos de participar da cidade. Como um dos fatores, ainda se inclui a oferta ou modo de alojamento, que vai das casinholas de chapa metálica, quentíssimas principalmente no verão, até os apartamentos e as vilas frescas e confortáveis, onde interfere principalmente o fator econômico e também a situação de família.

O meu tempo era sumário para tentar analisar o que alguns apontam no caleidoscópio humano em relação à população de Dubai. Porém, percebi que ela ainda tem muitos laços da associação de cada comunidade a um domínio de atividade: muitas lojas manejadas por indo-paquistaneses, geralmente sikhs, têm a administração suprida por árabes oriundos do Egito, do Sudão, além dos palestinos vindos da Jordânia, e das grandes famílias de origem indiana ou persa, que detêm importantes negócios. Médicos e farmacêuticos com muita freqüência são iranianos, mas também indianos, e parte do Exército é do Baluquistão, com treinamento de base britânica e jordaniana.

Um bom número de grandes empresas ocidentais ou extremo-orientais, sendo representadas por expatriados, emprega quadros libaneses ou indianos, e busca geralmente trabalhadores coreanos, tailandeses e filipinos. É também grande o número de mulheres filipinas que trabalham como secretárias e enfermeiras, só sendo ultrapassado por sua adesão aos serviços domésticos.

A realidade deve ser infinitamente mais complexa do que o que relato sem muito me intrometer nas fontes estatísticas. O que pretendo é repassar informações obtidas por uma observação cuidadosa de uma cidade que me encantou e busco conhecer melhor.

Evitei a quantificação dos movimentos migratórios, por ser um assunto politicamente sensível num país que necessariamente tem uma legislação muito restrita sobre os vistos e licenças de trabalho. Contudo, segundo me informaram, como em todas as partes do mundo, ele sofre uma imigração clandestina de definição difícil de limitar e a prática corrente das estadas prolongadas para além da sua duração legal.

A tentativa de esboçar um cruzamento entre nacionalidade e atividade é irreal. Aliás, em lugares como esse, que buscam criar um cadinho cultural trançando as diversas nacionalidades, este tipo de análise age de forma negativa, criando diferenciais que trabalham como verdadeiras bainhas de impedimento da intercomunicação que se faz necessária para um desenvolvimento saudável.

E é este tipo de desenvolvimento inteirado que me pareceu importante no design sociocultural de Dubai. Abordar a questão esboçando monografias apenas por nacionalidades, por status econômicos ou sociais faz apenas reforçar esta complexidade. O ideal é olhar o todo e buscar caminhos em conjunto no sentido de uma melhor integração da população.

Um exemplo interessante é trazido pela comunidade indiana, de grande superioridade numérica e que apresenta um grande desequilíbrio socioeconômico. São proprietários de grandes negócios, lojas de grandes fachadas nas ruas principais, e, por outro lado, pequenos alfaiates do sûq que têm apenas sua máquina de costurar, quadros médios e até altos do setor bancário e empregados domésticos e trabalhadores sem especialização, de passagem, sob contrato coletivo.

A Índia, com suas filas migratórias oriundas dessas fortes disparidades internas, provê uma boa parte dos peões. Também é patente que os empregos ocupados pelos keralitas, do sul da Índia, muito apreciados nos serviços domésticos e nos restaurantes de sua cozinha, diferem profundamente daqueles ocupados pelos sikhs, avaliados para os trabalhos de transporte e de força. Porém, o fator histórico também carece ser observado, pois as relações dos navegadores do Golfo com a Costa do Malabar, terra dos keralitas, vêm dos tempos de outrora, onde a constância das navegações para o atual país de Kerala deu origem a uma população mista meio indiana meio árabe, os *mapilah*, cujos laços com o Golfo se perpetuaram. Tudo isto despertou um interesse maior pelo Golfo entre as populações malabares.

Grande parte destes habitantes, que deixaram seus países onde não tinham possibilidade de trabalho e tomaram o rumo de Dubai, e dos Emirados em geral, ali passara a ter uma existência social: eles ocupam o espaço doméstico, além das fábricas, das construções civis ou não, e participam do espaço público incondicionalmente aberto para eles.

Ali, da mesma forma que eu havia visto em Hong Kong e Cingapura, as igrejas cristãs aos domingos recebem imigrantes filipinos ou originários do Sul da Índia. Grupos deles conversam nas praças, aliás, também as portas de cinema ficam repletas de jovens, principalmente indianos, em busca do sonho de assistir às produções de Madras e de Bollywood.

Na minha volta de Dubai, ao ouvirem meu entusiasmo muitas vezes me perguntaram se a cidade não seria um ponto de encontro do dinheiro, da mão-de-obra e da energia barata. Não pude conter minha irritação, pois se estes três elementos de certa forma participaram do sucesso da cidade, eu daria uma atenção maior ao espírito do lugar, ao que ele oferece e o diferencia. Um lugar de justaposições e misturas, onde a população, através de atividades tradicionais e modernas, compromete-se harmonicamente e participa do movimento fantástico de desenvolvimento que os governantes promovem visando um futuro comum.

FERNANDA DE CAMARGO-MORO

Uma culinária das mil e uma noites

*Diga-me o que comes
e eu te direi quem és*

Nos primeiros tempos, as populações da região dos atuais Emirados, que viviam nas margens do Golfo e do Mar de Omã, alimentavam-se de produtos do mar. Os grandes restos de conchas encontrados mostram como os povos da pré-história consumiam berbigões e mariscos encontrados na beira da água, o que os levou a descobrir a pesca e depois dar início às primeiras navegações ribeirinhas. Toda a costa arábica teve este primeiro desempenho que aos poucos interiorizou o uso dos peixes, salgando-os, o que também fez com que procurassem a mais longínqua clientela de troca e assim iniciassem um intercâmbio que enriqueceu ainda mais a alimentação de todos.

Enquanto isso, as populações do interior, que se alimentavam de tâmaras, a princípio selvagens, e do leite dos seus rebanhos (deixando-o talhar para fazer os primeiros iogurtes e deles queijos rudimentares), aos poucos conheceram alguns grãos e deles fizeram farinhas que, misturadas com água, proporcionaram os primeiros pães. Mais tarde, com a organização dos oásis, seus plantios foram se desenvolvendo e a alimentação adquiriu uma maior variedade de vegetais.

Os achados arqueológicos demonstram a evolução da culinária da região, não apenas através de elementos fossilizados, mas também de certos recipientes que demonstram, além da evolução local, o percurso das rotas de comércio e a troca de alimentos que elas processaram.

A expansão do comércio marítimo na região demonstra como a variedade de novos alimentos se expandiu não apenas por todo o Golfo, mas também nas regiões vizinhas, numa ação de grande intercâmbio. Com isso, a alimentação se ampliou e foi atravessando diversas fases até atingir a gastronomia avançada do califado abássida, que já entesourara influências das culinárias sassânida e parta, além de outras tantas do Vale do Indo e até do Oriente e do Ocidente mais longínquos.

A culinária abássida, que conheceu sua plenitude no tempo de Harun al-Rashid, considerada por alguns, simbolicamente, como culinária das mil e uma noites, chegou a um tal avanço gastronômico que se tornou uma das melhores de que se tem notícia, não apenas em relação ao mundo medieval, mas que hoje, a meu ver, se reflete na dos Emirados, para ser mais precisa, na de Dubai.

Deixando de ser uma culinária imperial, hoje ela adquiriu uma forma democrática e pode ser reconhecida dentro da feição planetária da gastronomia local.

Com a expansão do Islã, a cozinha abássida tinha seguido o passo das conversões. A delicadeza e a sofisticação com que os alimentos foram tratados, e as agregações havidas, trouxeram uma boa parte do que há de mais saboroso herdado na culinária contemporânea.

FERNANDA DE CAMARGO-MORO

Uma visão do que foi o passo dado nas cozinhas bagdali no século IX enriquece os porquês da culinária das diversas vertentes dubaiotas.

Os grandes livros da culinária medieval[18] mostram o que os árabes comiam na época do apogeu do califado, e assim podemos imaginar que o fizessem os personagens das mil e uma noites. A gastronomia, ou melhor, a arte culinária desta época, hoje ocupa uma importante parte do universo medieval histórico. Todavia, ao ser estabelecido um confronto cronológico, vem à tona que naqueles tempos alguns dos alimentos básicos da culinária árabe atual eram inexistentes. Assim sendo, não havia chá de hortelã,[19] nem tomates, nem *pimentos capsicum*, estes últimos trazidos para o convívio depois da entrada da América no mundo conhecido de então.

Nestes tempos antigos, o Império Abássida já tinha atingido grande proporção e a culinária da corte de Bagdá passara a influenciar muitas regiões islamizadas, entre elas, o Golfo. Quais produtos alimentares as caravanas de mercadores transportavam e são encontrados nas campanhas arqueológicas realizadas num campo datado de cerca de 800 d.C.?

O que contam os escritos de época? São principalmente os *Kitab* e outros documentos existentes que comprovam todo este esplendor.

O refinamento crescente da corte, um comércio em grande escala que fez circular os gêneros alimentícios e uma síntese dos elementos regionais, sobretudo árabes e persas, vão permitir a elevação da gastronomia à arte, assim como a livre discussão filosófica ou poética.

Tudo isto deixou marcas no Golfo, tanto no lado persa como nas costas árabes ocidentais.

---

[18]*Kitâb al-Tabîkh*: livro de cozinha/Texto escrito por Kader Touati Al-Warrâq. Recolhimento de receitas compiladas em Bagdá no fim do século X por Abu Muhammad al-Muzaffar ibn Nasr ibn Sayyâr al-Warrâq.
[19]Descoberto somente no final do século XVII na Inglaterra.

A cozinha no Império Abássida não escapa a uma diferenciação social: entre o nômade beduíno, o habitante urbano comum e o homem da corte ou o rico negociante, pois eles não comiam os mesmos pratos e os mesmos ingredientes, o que nos dias de hoje se repete apenas tomando como base a relação com o poder aquisitivo, embora os meios de comunicação tentem interferir nesta delimitação. Nos velhos tempos, porém, a gastronomia se desenvolveu sob os abássidas com o impulso da corte e o crescente refinamento dos pratos por demanda de uma alta sociedade em crescimento. No entanto, é preciso sempre lembrar que, por outro lado, o próprio califa era entusiasta da comida simples beduína, e muitas vezes a escolhia partindo para o deserto do encontro das tribos.

Se analisarmos de um modo extenso a história do Golfo, vemos que, do lado persa, esta cozinha foi, ao longo dos tempos, aluna e professora, e que do lado árabe houve incursões nas mais diversas épocas da história, criando uma base similar de gosto.

Certos elementos são profundamente compartilhados: o modo de preparação e certos ingredientes e gostos. É preciso frisar que o califa Harun de fato apreciava muito e apoiava a grande cozinha do seu meio-irmão Abou Ishaq Ibrahim, que deixou uma estrutura sólida para toda a cozinha da extensão do Islã, mas também graças a ele foi preservada e impulsionada grande parte da culinária nômade da qual nunca abriu mão.

Entre as inovações da gastronomia da corte abássida, é indiscutível ter havido muita intervenção persa. Surgiram as combinações agridoces, parcialmente um legado persa sassânida com imensas influências trazidas pelo Império Parta, pois em ambas os ingredientes ácidos (vinagre e limão) e elementos açucarados (frutos secos e cozidos) se entremeavam.

A refeição ideal era composta de uma preparação de carne e de numerosos pequenos pratos frios e molhos, denominados *bawardi*. Podemos ver nas mesas emirati, como anteriormente nas turcas e de todo o Levante, que os molhos e pratos frios, acompanhados de saladas, formam o mezze, a entrada com opções diversificadas que se expandiu por toda a orla mediterrânea.

O comércio neste império islâmico permitiu igualmente o encaminhamento e a circulação dos produtos, como também aconteceu nas rotas de comércio locais ou não, e que hoje se repete no fôlego comercial dos novos e avançados países do Golfo. A corte de Bagdá fazia vir, a grandes despesas, os produtos desejados existentes em regiões mais e menos afastadas. As ervas e as especiarias em especial chegavam de lugares da Índia, das ilhas do Oceano Índico, da África, da China e de lugares da Europa, como hoje a estes se acrescentam os das Américas.

Para além da inovação nas receitas e a contribuição de novos ingredientes, as fontes da gastronomia medieval árabe se associaram com freqüência às da Pérsia, que já dispunha de uma importante gastronomia vinda das cortes anteriores, e às da Arábia antiga, com seus pratos mais simples que acomodam novas possibilidades oferecidas para uma maior variedade de alimentos e modos de cozedura.

Se muitos alimentos vindos posteriormente da China e da América ainda não existiam naquela época, por outro lado havia muitos outros que se tornaram hoje pouco usados, além daqueles que caíram no esquecimento.

Quanto aos ingredientes, a carne mais apreciada era de longe a ovina (cordeiro e carneiro), considerada, então, carne dos ricos, pois de acordo com a informação dos médicos medievais que chegou até nós, a bovina era a usada pelos pobres (!). O cabrito era igualmente apreciado, o mesmo acontecendo com as aves de capoeira, mas não o peru e a galinha do mato, que eram desconhecidos. Certamente, os muçulmanos, como até os dias atuais todos os semitas, não comiam carne de porco.

A caça era muito praticada e mais abundante na Mesopotâmia e na Síria do que atualmente. Coelho, lebre, cabrito montês, órix e cervos figuram no quadro da caça consumida na época. No entanto, hoje, principalmente os Emirados dão muito bom exemplo, pois estes animais são objeto de cuidados e preservação da espécie, sendo a caça de muitos deles proibida, como a do órix. Os antigos caçadores também davam muita importância às aves e aos pássaros selvagens de qualquer espécie. Nos dias de hoje esta caça também arrefeceu, pois seus refúgios, parques, manguezais e pântanos são locais de ampla preservação.

Se na Mesopotâmia, o Tigre e o Eufrates abundavam de peixes, suas carpas e assemelhados são até hoje muito apreciados, os peixes das costas do Golfo e do Mar de Omã eram e são não apenas de excelente qualidade, mas também essenciais para a população local há mais de 7.000 anos. Muitos deles de longa data são pescados e salgados e encaminhados para o interior e a exportação.

Junta-se a estes alimentos toda uma panóplia de legumes e leguminosas que vem sendo utilizada numa solução de continuidade desde muito tempo: cenouras, nabos, espinafres e uma grande variedade de grãos.

Os frutos eram consumidos frescos, secos e cozidos, muitas vezes incorporados à preparação de pratos quentes, um hábito que permaneceu e evoluiu cada vez mais em todo o Oriente e depois passou para o Ocidente. Os frutos da época que tinham maior demanda eram a romã, o melão, os damascos, as maçãs, os imperdíveis marmelos e muitos figos, além das mangas, limões e azeitonas. Os morangos não eram conhecidos, mas recentemente foram introduzidos na alimentação dos países do Golfo graças ao projeto agroalimentar do oásis de Dhaid, no Omã.

Açafrão, cardamomo, coentro e canela eram soberanos entre as ervas e especiarias, além de serem também usados habitualmente a galanga, os cravos-da-índia, o mastique, a noz-moscada e o macis, o gengibre, a pimenta-negra do Malabar, o cominho e o tomilho. O alho e o aneto também eram freqüentes na preparação dos pratos. Entre os aromas usados já figuravam o musc, o ambarino cinzento (*ambar gris*) e a água de rosas, além dos incensos do Dhofar...

Os produtos lácteos entravam diretamente na concepção dos pratos, como o leite, a coalhada e o queijo branco, bem-amado dos beduínos. Enquanto os óleos mais correntes eram o azeite e o óleo de sésamo, além da gordura de rabo de carneiro, extremamente apreciada.

Quanto às doçuras, o açúcar vinha de Bengala e conhecia vários graus de refinação, e o mel também era muito usado. Ente os cereais, o trigo e a cevada eram os mais corriqueiros. O arroz cultivado nos deltas tornou-se comum, pois havia se expandido muito por influência persa.

O pão e a sua fabricação tinham enorme importância, desde o nômade, que o cozia — como ainda hoje o faz, sem fermento, assando-os no braseiro e os mais evoluídos no tanur (*tandoor*) —, até os de feitura mais requintada usados pelos citadinos.

Eram usados o trigo em grão e o bulgur, porém é grande a controvérsia sobre o cuscuz, durante muito tempo consumido meramente no Magreb. Certamente, usavam um antepassado menos refinado do que a sêmola loura e fina de hoje, que era totalmente desconhecida na Bagdá daquele tempo, mas que depois se expandiu no assombroso intercâmbio do mundo islâmico.

Segundo a documentação da época, as carnes, quais fossem elas, eram refogadas no óleo e só após terem absorvido sua água é que eram acrescentados os temperos (especiarias, vinagre, ervas...). Os demais ingredientes eram depois incorporados: frutos, legumes e outros temperos adequados desta segunda fase. Esta técnica, que permite a troca dos sabores entre a carne e os outros ingredientes, foi vista por mim em pleno uso numa cozinha caseira e refinada que visitei em Dubai.

Ali, também vi que, como outrora, eram comuns os ragus e a cozedura do pão no tanur. A convite da dona da casa, também me deliciei com peixes e aves de capoeira servidos com os pratos frios do *buwarid*, certamente derivados dos antigos, mas que hoje contracenam com os mezze do Médio Oriente. Provei alguns que tinham como *khâmakhikh* um *boudhaj*, feito com o pão envolvido em folha de figo, secado durante 40 dias antes de ser reduzido a pó. Para os peixes, o *sibagh,* molho de muitas ervas que os acompanha com freqüência.

Na mesma casa, seguindo a tradição, vi jarras de *mûrri*, um condimento amargo, de aspecto escuro, quase negro, cuja fabricação leva três meses e que tem como ingrediente básico pão seco, ao qual associam-se óleo, água e especiarias, e que se deixa macerar em jarras, efetuando-se periodicamente adições ou manipulações.

Apesar da proibição religiosa, é citada no século IX a fabricação caseira da *fuqqa*, uma cerveja aromatizada, e o vinho já existente anteriormente era freqüentemente associado com mel, especiarias ou frutos secos.

A cozinha antiga, que nas casas tradicionais não mudou muito e continua sendo o sonho das mulheres, guardadas as proporções, era constituída de uma ou várias peças independentes que davam para o pátio central da casa, com partes adaptadas para os ingredientes de rápido uso ou para serem armazenados. A culinária não prescindia de quantidades de *mûrri*, cerveja e vinho, especiarias e confeitaria. A bateria da cozinha compreendia diversas espécies de utensílios, espetos, facas, peneiras, colheres grandes e recipientes como tachos, panelões e caçarolas.

Os elementos de cozedura clássicos eram o tanur (ou tandoor), o forno para pão e assados, um grande pote com um compartimento que permite aquecer carvão e buracos que regulam a cozedura. Além dele, o *mustawqid*, um grande forno cilíndrico onde se podia colocar para cozinhar numerosos pratos ao mesmo tempo.

Entre as iguarias, muitas ainda estão em uso desde aqueles tempos, outras voltaram com a nova febre da gastronomia antiga e se destacaram:

Zirbaj: termo genérico para os pratos de carne agridoce em que um elemento ácido (vinagre, sumo de limão, sumo de uva) acompanha elementos doces (damascos secos, mel, açúcar, frutos frescos, uvas secas) e especiarias, sobretudo canela.

Thariq: o prato preferido do Profeta, feito de cubos de carne, geralmente de carneiro, cozidos num caldo ao qual é acrescentado pão seco no fim da cozedura.

Sarniq: bolo de cevada seco, feito com leite e água. Era o alimento do viajante por excelência.

Os pratos levam geralmente o nome do ingrediente que estabelece a diferença, como por exemplo: *zirbaj* à base de damasco chama-se *meshmeshiyya*. Também muitas vezes levavam o nome do inventor: numerosos pratos recebiam agregado o nome do autor da receita ou daquele a quem foi dedicado, como *Ibrahimmiyya* ou *Harouniyya*, ou ainda o seu modo de cozedura: *tannouriyya*. A gastronomia da corte era considerada uma arte igual à música e à poesia. O mais antigo livro de cozinha conhecido foi escrito por Ibrahim, o meio-irmão de Harun Al-Rashid, sendo que posteriormente outros nobres também escreveram livros, como o califa Al-Ma' moun.

Se as refeições da corte se distinguiam em refinamento e protocolo, os piqueniques, mais livres, nunca foram desprezados. Embarcações levavam a corte até as margens dos rios onde eram servidos os peixes recém-pescados acompanhados de *sibagh* e *buwarid*.

A administração do palácio de Bagdá mandava buscar, com grandes despesas, os melhores produtos de todo o império, e assim chegavam maçãs, romãs, ameixas, figos, damascos e azeite de Koufa, açafrão de Isfahan e de Mosul, mel do Tabaristão, limões de Herat, uvas secas de Ahwaz e açúcar de Bengala. Da Corésmia chegavam peixe salgado e melão branco trazidos em embarcações "frigoríficas". De Nishapur, marmelos. De Hulwan, figos, e de Nihawand, peras. Do Fars vinha Julanjabin (mel com água de rosas) e mangas da Índia, além de cravos e noz-moscada das ilhas Molucas.

Foi pensando no contexto desta época, na variedade e expansão de seus mercados, além da busca de excelência até nos menores detalhes, que enxerguei os encontros das cozinhas do Golfo, principalmente dos Emirados, onde meu ponto de observação e análise foi Dubai.

A visão de uma culinária que muitos consideram planetária, por ter juntado à sua local muitas inclusões que vieram com os povos que em diversas épocas participam ativamente da construção do país, também deixa entrever a permanência da grande cozinha dos abássidas do século IX, quando reinou Harun Al-Rashid e o Império atingiu o apogeu das artes, sendo a culinária considerada como tal.

FERNANDA DE CAMARGO-MORO

No Dubai de nossos dias, nos muitos lugares ligados à alimentação, dos mercados abertos aos imensos e bem sortidos hipermercados, dos restaurantes de luxo às casas de pasto populares, passando pelas variadas praças de alimentação dos muitos shoppings, vemos presente esta narrativa que Sheharazade esqueceu nas mil e uma noites, mas que os importantes livros de culinária árabe antiga trouxeram até nós.

Da utopia à realidade produtiva: Uma visão inovadora

> *Em pleno desenvolvimento do pensamento humanista, redescobrindo Platão, Tomás More forjou o termo utopia baseando-se no grego* ου–τοποσ, *nenhum lugar, e* ευ–τοποσ, *lugar de felicidade. Se afastando a infinito do lugar de sua realização, foi também fora do tempo que a utopia inscreveu, até o final do século XVII, a imagem da felicidade que ela propôs aos homens.*
>
> Georges Jean, Voyages in Utopie

Grande parte dos projetos urbanísticos e educacionais que integram elementos de mundialização através dos intercâmbios culturais pretende agir como pontes entre as civilizações. No entanto, muitas vezes sua inspiração vinda de formas mais ou menos abstratas tanto pode se adequar como provocar uma ruptura total com o meio ambiente local e as culturas tradicionais que dele participam.

Como será que novos projetos podem integrar um patrimônio urbanístico e arquitetural antigo? Como os projetos educacionais podem ser bem adaptados? Em quais medidas as similitudes e as convergências revelam uma coerência geográfica, arquitetural e social na valorização das identidades passadas?

Estas foram algumas das questões que me perseguiam sempre que eu via não só imagens das novas formas adicionadas ao patrimônio arquitetônico dos países do Golfo, mas também a penetração de outros ensinamentos e formas visuais da cultura de povos diferenciados.

Os projetos mais inovadores e ambiciosos são atualmente encontrados nos Emirados Árabes Unidos. No Dubai, isto se pode constatar através da construção das ilhas artificiais, as três Palm Island e os arquipélagos denominados The World e Universe; a Dubai Tower, os shoppings (entre eles o Emirat Mall e o Dubai Mall), além dos centros e programas de preservação ambiental, os centros de alta tecnologia, e o planejado suporte aos meios de comunicação.

A estes se junta o projeto de urbanismo e arquitetura da ilha de Saadiyat, no Abu Dhabi, capital dos Emirados Árabes Unidos, que foi apresentado oficialmente em 2007; o campus da Sorbonne-Paris-Abu Dhabi, em funcionamento desde 2006; e o projeto Masdar, a primeira cidade 100% ecológica. Tudo isso é parte das grandes aspirações culturais e políticas do país, dentro de sua projeção para o futuro.

A primeira das Palm Islands, a Palma Jumeirah, já mostra de uma forma tangível o que serão as três ilhas e os dois arquipélagos que se propõem a aumentar o litoral dubaiota, através de um projeto que está interessado em grande melhoria da qualidade de vida.

Em todas essas iniciativas a alta qualidade estética se enriquece com um simbolismo ligado às tradições locais. O deslumbramento provocado pela ilha da Palma Jumeirah vista do alto na aproximação do aeroporto de Dubai faz paralelo com a beleza e praticidade que trazem sua visita. Um bairro novo em que os moradores podem usufruir profundamente do mar, com moradias de grande qualidade em seus diversos tamanhos e uma opção moderna e do mais alto nível quanto ao atendimento social e de lazer.

Estas mesmas qualidades se reproduzirão nos demais projetos insulares, sendo que as propostas de preservação ambiental e de elevada qualidade de vida se mostram essenciais em todos os projetos e realizações.

O bem-estar da população e dos visitantes é devidamente fortalecido pelo grande número de estações de cura, de spas e de inovações, como o surpreendente centro de esqui da Emirates Mall.

Por outro lado, na área educativa, tanto o planejamento como as realizações também avançam e algumas até já se encontram dentro de um modelo contemporâneo que permite um diálogo mundial extenso. Cito também as ações em proveito da preservação ambiental, que hoje colocam não só o Dubai, mas os Emirados em geral, numa posição de destaque.

Dubai inova e talvez tenha atingido o ápice mundial nas propostas de diversão e de amostragem de comércio com os centros de compra entre os melhores do planeta, e o arcabouço criado para agilizar o processo de exportação e importação.

Os projetos e realizações do Abu Dhabi investem numa outra direção, porém tendo algumas vertentes paralelas ao Dubai, principalmente na preocupação com a preservação ambiental e o ensino.

A Saadiyat Island no Abu Dhabi, cujo nome árabe significa "ilha da felicidade", um pedaço de terra desértica de cerca de 25km², iniciou seu caminho para se transformar em pólo cultural turístico e residencial da cidade entre 2012-2018. Ali, serão recebidas grandes instituições culturais ocidentais, com projetos de importantes arquitetos de reconhecimento internacional como Jean Nouvel, Frank Geary, Zaha Hadid e Tadeo Ando.

MAR DAS PÉROLAS

Frank O. Gehry constrói ali outro Museu Guggenheim. Seus projetos para o novo Guggenheim na ponta sul de Manhattan foram congelados indefinidamente após os ataques terroristas de 11 de setembro de 2001. Porém, agora, os formatos abstratos gerados por sua imaginação arquitetônica chegaram ao Golfo.

Com uma proposta de cubos, prismas, cones e cilindros comprimidos e interconectados numa área total de quase 30.000m², o Guggenheim de Abu Dhabi provavelmente será mais um passo no desenvolvimento da sua arquitetura museológica. Gehry, contente, declara: "O projeto do museu para Abu Dhabi permitiu considerar opções de prédios que não seriam possíveis nos EUA ou na Europa", diz ele, acrescentando que "estava claro desde o início que tinha que ser uma nova invenção".

Neste projeto são previstas coleções de arte contemporânea das diversas partes do mundo, não apenas a ocidental. Duas grandes galerias para bienais foram adicionadas junto ao prédio principal como introdução para o futuro prédio da bienal ao longo do canal. O estudo realizado por ele e sua equipe se preocupou profundamente com o clima local, integrando o projeto ao meio ambiente, explorando com seus consultores um método de refrigerar os espaços ao ar livre, baseados na idéia muito antiga que ele próprio denomina *tepee open-top*, "tenda de abertura no alto", cuja experiência melhor de refrigeração como extração do ar quente para fora do espaço vem das casas de origem persa existentes no bairro dubaiota de Batakiya. Foi isto que conduziu a feição estética do museu que oscila entre o mar e o deserto e cuja entrada principal possibilita também uma entrada de barco e uma passagem para a paisagem do deserto.

O projeto do Centro das Artes Vivas, elaborado pela arquiteta iraquiana Zaha Hadid, tanto seduziu os peritos de arte moderno-contemporânea como o grande público. Inspirada na simbólica ostra perlífera,

Zaha Hadid conduziu sua idéia arquitetural ao desenho arredondado em osmose com o ambiente natural. Mais uma vez, ela correspondeu à sua fama de mestra da arquitetura da desconstrução. Procura-se, em vão, por um ângulo reto em algum canto de seu modelo, cuja construção tem quatro andares, que, como a proa de um barco, levanta-se dinamicamente na direção do mar. Uma rede de janelas de formatos fluidos cobre uma estrutura inspirada na ostra perlífera. Os auditórios são completamente brancos. A estrutura fina e ramificada lembra o interior de um osso.

Já o projeto arquitetural do Museu do Louvre coube ao francês Jean Nouvel, que adaptou seu modelo arquitetônico metaforicamente carregado para o "Louvre do Deserto" às condições topográficas do local — a proximidade imediata do deserto e do mar. Ele não planejou construir um prédio único e colossal, e sim uma "microcidade" — uma coleção de prédios de diferentes tamanhos, ao lado do mar. O conjunto será dominado por um grande domo iluminado, concebido como elo simbólico entre as culturas do mundo. Repetindo as palavras do autor: "feito de uma rede de padrões diferentes entrelaçados e um teto translúcido que deixa uma luz difusa e mágica entrar, na melhor tradição da grande arquitetura árabe". Nouvel já havia criado, 20 anos antes, em Paris, com grande sucesso, um magnífico laço arquitetônico entre o Oriente e o Ocidente, o Instituto do Mundo Árabe (1981-1987), e sua contratação para projetar o Louvre-Abu-Dhabi foi recebida com bons prognósticos.

Um outro ponto alto do conjunto da ilha de Saadiyat é a quarta instituição, o Museu Marítimo, projetado por Tadao Ando, arquiteto minimalista conhecido por seu estilo austero, combinando a tradição zen japonesa com a ligação modernista do concreto nu. Inspirado pelos navios de vela tradicionais do Golfo, Ando projetou um prédio de aparência frágil no formato de uma vela abstrata curvada pelo vento. Incrustada em um cenário de oásis natural dominado por um aquário subterrâneo, a arquitetura contida de Ando busca se tornar um porto de paz contemplativa dentro do conjunto arquitetônico, que abrigará a coleção de uma região que há milênios está envolvida com o mar.

Esses museus, que além de suas coleções locais têm uma proposta de rodízio, e através dela a amostragem da cultura universal em suas diversas interpretações, servirão como elemento de comunicação primordial entre o Ocidente e o Oriente.

Ao conjunto concebido num projeto de urbanismo de grande envergadura, junta-se no Abu Dhabi o poderoso projeto educacional.

Além das universidades locais que avançam numa otimização educacional, o mundo acadêmico passou a receber um novo incremento através da Universidade de Paris–Sorbonne–Abu Dhabi. Em fevereiro de 2006 foi assinado um acordo entre a mais importante das universidades francesas e os Emirados Árabes Unidos oficializando a abertura de um novo campus da Universidade no Abu Dhabi.

Como centro de ensinamento superior francófono do mais alto nível, a Universidade se propôs não simplesmente a acolher, mas formar em diversos níveis e especializações os melhores estudantes dos Emirados e de todo o Oriente Médio. Para dar partida imediata ao projeto, os primeiros cursos foram iniciados em outubro de 2006 em locais temporários, mas quando estive no Abu Dhabi, em abril do ano seguinte, já pude ver o início da construção dos novos prédios que a abrigarão.

Seu projeto arquitetônico marcado pelo século XXI, que previu uma interpretação moderna da cúpula da capela parisiense, tem sua inauguração esperada para o ano letivo de 2007/2008, 750 anos depois da criação da própria Sorbonne em Paris.

Mas não está no aspecto oficial, nem formal, o mais importante nesta proposta de otimização de ensino superior nos Emirados através do acordo com a Sorbonne Paris-Abu Dhabi. O que há de mais importante é a presença do *campus* desta seriíssima instituição, de reconhecimento mundial, no intenso movimento de desenvolvimento educativo, social e cultural do país, que assim se estenderá também por toda a região.

Com um programa que, ao tomar conhecimento com detalhes, vi ser de grande e profunda abrangência e também bastante objetivo, é oferecido ao estudante uma ampla escolha, bem estruturada e detalhada para cada uma das formações propostas. Da arqueologia, ciência que se faz imprescindível para o reconhecimento e preservação das raízes do povo e dos primeiros tempos do país, às outras ciências históricas, exatas e ambientais. Formação em ciências políticas, direito e literatura não apenas moderna, mas também abrangente de outras culturas, assim como a instituição do ensino de filosofia e sociologia.

Esta função educativa, abalizada por um dos melhores centros de ensino existentes, proporcionará gerações capacitadas a desenvolver as propostas que o país se impôs.

Analisando os Emirados, e focalizando seus conteúdos nos mais diferentes setores, durante uma estada em que, solitária, participei dos mais diversos caminhos, e também tive a contribuição através do diálogo com habitantes de todas as procedências em vários locais, penso ter adquirido uma visão, ainda que pequena, livre de qualquer influência ou julgamento governamental.

Munida de um conhecimento arqueológico e histórico prévio, que mesmo assim me deixou lugar para descobertas surpreendentes sobre a extensão da riqueza patrimonial do país, e principalmente das realizações em que o sonho se tornou uma realidade palpável, busco as palavras que pronunciou, atormentado, o filósofo russo Nicolas Berdiaev ao analisar o admirável mundo novo de Aldous Huxley: "As utopias são muito mais realizáveis que se crê."

Porém minha visão é positiva, e acrescento:

Se você, meu leitor, não acredita que as utopias são sonhos realizáveis, procure conhecer os Emirados pessoalmente, ou ao menos de forma virtual, para ver como o sonho dos Cheikhs do deserto se transformou em magnífica realidade.

FERNANDA DE CAMARGO-MORO

Deixei Dubai numa manhã bem cedo, quase madrugada, quando as águas do Golfo mais uma vez pareciam espelhos, mas desta vez transmitindo os tons dourados do sol. Do alto, a luz que surgia deixava ver o khor, mas impedia a visão dos barcos que na minha imaginação continuavam a subir e descer pelas águas até o paraíso dos pássaros, cruzando com os abras cheios daquela gente amável que conheci ali. Logo depois, surgiu a grande folha de tamareira boiando sobre o mar que pouco a pouco clareava seus azuis. Dei um último olhar a ela, a ilha da Palma Jumeirah, e vi que o avião tomou seu caminho para o Ocidente, não sem antes passar pelas brancas falésias de Musandam.

Os Emirados passaram então a ser uma lembrança adoçada nas minhas memórias do Mar das Pérolas.

Gávea, Rio de Janeiro, 25 de março de 2008

Cronologia dos Emirados

5500 a.C.: primeiros vestígios de presença humana na região dos atuais Emirados — ilha de Marawah.
5500-3000 a.C.: a região é ocupada por criadores hábeis que utilizam instrumentos de pedra cujas formas demonstram certa arte.
3000-2500 a.C.: *Período Hafit*: época dos primeiros enterros coletivos, descobertos pela primeira vez nas partes inferiores do Djebel Hafit, no Emirado de Abu Dhabi.
2500-2000 a.C.: *Período Umm an (al)-Nar*: aparecimento das primeiras cidades-oásis (Hili, Tell Abraq, Bidiya, Kalba) guardadas por maciças fortalezas circulares; os mortos são enterrados em túmulos comuns redondos; contatos comerciais muito desenvolvidos com a Mesopotâmia, o Irã, o Vale do Indo, o Baluquistão e a Bactriana (Afeganistão); primeira utilização intensiva do cobre dos montes Hajar; região chamada Magan nas fontes mesopotâmias.

2000-1300 a.C.: Período Wadi Suq e fim da Idade do Bronze: foi caracterizado por cidades menos numerosas; ritos mortuários alterados, túmulos comuns são doravante longos e geralmente estreitos; relacionados com Dilmun (Bahrein).

1300-300 a.C.: Idade do Ferro: introdução de uma nova tecnologia de irrigação por *falaj*, galerias subterrâneas que conduzem a água dos aqüíferos montanhosos aos oásis e aos baixos jardins; explosão demográfica; primeira utilização do ferro; introdução da escrita utilizando o alfabeto da Arábia do Sul; contatos com os impérios assírio e persa.

3000 a.C.: Período de Mleiha (ou pré-islâmico recente A-B): cidade próspera em Mleiha; aparecimento de uma moeda cunhada localmente; importações importantes da Grécia (cerâmica negra esmaltada) e da Arábia Saudita (pote para pomadas de alabastro); primeira utilização do cavalo.

0-250 d.C.: Período de ed-Dur (ou pré-islâmico recente C-D): cidades prósperas em Duet Mleiha; rede comercial extensa ao longo do Golfo ligada com o Mediterrâneo, a Síria e a Mesopotâmia, e da Mesopotâmia à Índia; entre outras importações, vidro romano, peças de moedas; um chefe conhecido pelo nome de Abi'el fez cunhar moeda em grande quantidade; primeira utilização do aramaico nas inscrições provenientes de Ed-Dur e de Mleiha.

240 d.C.: chegada ao poder da dinastia iraniana dos sassânidas, que conquista boa parte da Arábia oriental.

VI-VII d.C.: introdução do cristianismo resultante dos contatos com o sudoeste do Irã e com o sul da Mesopotâmia, estabelecimento de um mosteiro pela comunidade cristã nestoriana na ilha de Sir Bani Yas. Presença de guarnições sassânidas no interior de Omã e provas de contato com os EAU fornecidas pelas peças de moeda e objetos de cerâmica descobertos em Kush (Ras al-Kaymah).

630 d.C.: chegada dos discípulos do profeta Mohammed; conversoes dos habitantes ao Islã.

632 d.C.: morte do profeta Mohammed; erupção do movimento *renda*, revolta geral contra os ensinos do Islã; envio de Hudhayfah b. Mihsan pelo califa Abu Bakr para esmagar a revolta de Laqit b. Malik Dhu at-Tag em Dibba; importante batalha em Dibba, destruição dos insurgentes.

637: Julfar, o porto é usado como vanguarda para a invasão islâmica do Irã.

963: conquista da Arábia sudoriental pelos buidas.

c. 1220: o geógrafo Yaqut descreve Julfar como uma cidade bela e fértil.

Séculos XIV–XV: estreitas ligações comerciais entre os Emirados do norte e o reino de Ormuz. Estabelecimentos importantes na ilha de Jarun no Estreito de Ormuz.

1498: o navegador português Vasco da Gama dobra o Cabo da Boa Esperança. Cientistas árabes em Sagres promovem muitos conhecimentos náuticos.

Século XVI: rivalidade entre os portugueses e o Império Otomano no Golfo.

1580: descrições da costa leste dos EAU, do Qatar a Ras al-Khaymah, pelo viajante veneziano Gasparo Balbi; menção da fortaleza portuguesa em Kalba; primeira menção da existência dos Bani Yas no Abu Dhabi.

1666: descrição da costa leste dos EAU por um marinheiro holandês pilotando o *Meerkat*.

Anos 1720: expansão do comércio britânico no Golfo; crescente rivalidade entre ingleses e holandeses.

1764: Sharjah e a maior parte do Musandam assim como toda a costa dos EAU, até Khor Fakkan, tombam nas mãos dos Qawasim, segundo Carsten Niebuhr, geômetra alemão que participou da expedição científica do rei da Dinamarca.

1800-1819: repetidos ataques à frota Qawasim pela Companhia Britânica das Índias Orientais.

1820: tratado geral de paz entre o governo britânico e os Cheikhs de Ras al-Khaymah, Umm al-Qaiwain, Ajman, Sharjah, Dubai e Abu Dhabi.

1820-1864: estudo topográfico do Golfo que conduz à publicação dos primeiros mapas precisos da região.

Nos anos 1930: queda do mercado de pérolas naturais, entrada mais firme do comércio do ouro, primeiros acordos de prospecção petrolífera assinados pelos soberanos de Dubai, Sharjah e Abu Dhabi.

1945-1951: acordos de prospecção petrolífera iniciados em Ras al-Khaymah, Umm al-Qaiwain e Ajman.

1962: Primeiras exportações de petróleo do Abu Dhabi.

1968: o governo britânico anuncia sua intenção de se retirar da região do Golfo. Início das discussões sobre a criação de uma federação de Emirados.

1969: primeiras exportações de petróleo de Dubai.

10 de julho de 1971: conclusão do acordo entre os soberanos dos Emirados para a formação de uma federação.

2 de dezembro de 1971: criação do Estado dos Emiratos Árabes Unidos — EAU.

2 de novembro de 2004: morte do Cheikh Zayed, primeiro presidente dos EAU.

3 de dezembro de 2004: Cheikh Khalifa Bin Zayed Al Nahyan foi eleito como novo presidente dos EAU.

Receitas

Especiais dos Emirados

Ghuzi
Harees
Shawarma
Uma especialidade que todos amam: Labanee

GHUZI Carne assada de carneiro ou de cordeiro com avelãs
para 4 pessoas

Ingredientes

1,5kg de palheta de cordeiro desossada ♦ 50g de avelãs picadas ♦ 250ml de caldo de ave de capoeira ou de cordeiro ♦ 60ml de homos ♦ 45ml de óleo vegetal ♦ 30ml de coentro picado ♦ 5 dentes de alho picados

♦ 3 grãos de anis estrelado moído ♦ 3 tomates em pedaços ♦ Sal e pimenta-negra a gosto ♦ Pimentos chili vermelhos secos

Abra a palheta ao comprido e tempere com sal e pimenta, e depois com o anis-estrelado.
Misture o homos, as avelãs e o coentro.
Junte esta mistura à palheta, rolando de um lado para outro, deixe descansar, conservando em lugar fresco por duas horas.
Coloque a palheta num prato refratário, salgue e apimente para acertar o gosto.
Despeje em cima o óleo, acrescente os tomates e os dentes de alho.
Cozinhe no forno a 180°C por 30 minutos, em seguida reduza o forno a 160°C e acrescente o caldo.
Cozinhe novamente durante 1h30 em fogo brando.
Caramelize na grelha do forno durante 4 minutos. Sirva com arroz misturado com hortelã fresca.

Carneiro com Harees (bulgur) *para 6 ou 8 pessoas*

Ingredientes

500g de carne desossada de cordeiro, cortada em cubos ♦ 200g de *harees* (trigo bulgur) colocado de molho por toda uma noite ♦ 500ml água ♦ 50g de samen (ghee, manteiga preparada) ♦ ¼ colher de sopa de canela em pó ♦ 1 colher de sopa de cominho em pó ♦ Sal e pimenta-negra a gosto

Coloque a carne e a harees *em uma caçarola com água e cozinhe em fogo lento durante duas horas, mexendo de vez em quando. Retire a espuma.*

Bata a mistura a mão ou num processador até que se transforme numa pasta macia, transfira então para um recipiente para servir.

Derreta a samen *(ghee) e adicione a canela, o cominho, o sal e a pimenta, e prove. Coloque esta mistura em cima do carneiro cozido com a pasta de* harees *e sirva.*

Shawarma *para 8 pessoas*

1kg de carneiro ou cordeiro, finamente cortado

Para a marinada
1 xícara de iogurte ♦ 2 colheres de sopa de sumo de limão ♦ 4 dentes de alho finamente picados ♦ ½ colher de chá de molho de pimento forte ♦ 1 colher de sopa de vinagre ♦ 1 colher de sopa de cebola finamente picada ♦ ½ colher de chá de pimenta-negra do Malabar ♦ ½ colher de chá de pimento chili vermelho seco em pó ♦ ½ colher de chá de flor de moscada ♦ ½ colher de chá de sal

Outros ingredientes: tahine (pasta de sésamo), sumo de um limão, tomates picados (crus, sem casca nem sementes), cebolas em rodelas, picles de nabos ou de pepinos.

Prepare a marinada e coloque de molho as fatias finas de carne deixando repousar durante toda a noite. Coloque a carne já marinada num recipiente para churrasco, ou então espete as fatias numa torre giratória apropriada. Em ambos os casos deixe cozinhar 15 minutos aproximadamente. Combine tahine (pasta de sésamo), alho, sumo de limão e salsa até formar uma mis-

tura cremosa, se necessário junte água. Coloque os tomates e cebolas no pão pita com o tahine e as fatias de carne, enrole, apertando numa embalagem. Está pronto para comer.

Labanee (queijo branco de iogurte)

Uma especialidade que todos amam

4 xícaras de iogurte claro ou leite talhado ♦ 1 colher de chá de sal

Revista um coador com tecido de algodão de dupla espessura. Coloque o coador em cima de uma tigela. Misture o iogurte com o sal; verta no coador. Cubra e refrigere por pelo menos 12 horas.
Molde no prato. Guarneça com salsa cortada e azeitonas.
Sirva com pão pita.

Intervenções da cozinha planetária
Algumas receitas da corte de Harun al-Rashid
Uma tentativa

Hummâdîya (o nome vem de *hummâd:* polpa de limão) *para 6 pessoas*

150g de carne gordurosa ♦ 1 colher de café de gengibre em pó, uma de cravos-da-índia e uma de sementes de coentro ♦ duas colheres de café de pimenta-negra; uma moída e uma em grãos ♦ 4 limões sicilianos ♦ ½ xícara de sumo de uvas ♦ 800g de carne de carneiro ♦ 1 punhado de amêndoas doces descascadas

Corte a carne gordurosa em cubos de tamanho médio e coloque-a numa caçarola coberta de água com um pouco de sal. Deixe ferver e depois a guarde num saco de algodão com um conjunto de especiarias de grãos de coentro, um pedaço de 4cm de gengibre, 1 colher de café de pimenta-negra em grãos, os cravos-da-índia, um bom pedaço de canela. Guarde o caldo que sobrou na caçarola acrescentando 1 xícara de água.

Tome um bom pedaço de carne de ovino desengordurada, moa ou corte finamente, tempere com a pimenta-negra moída e forme pequenas bolas. Coloque-as na caçarola para ferver com a água que restou, colocando junto o saco de temperos. Logo que forem cozidas, retire da caçarola o saco de temperos. Tome a polpa de quatro limões grandes, retire as sementes e pressione bem com as mãos para tirar o sumo, juntando-o com ½ xícara de sumo de uvas (integral), vertendo-os na caçarola por cima da carne. Deixe ferver, depois abaixe o fogo e cozinhe em fogo baixo durante uma hora. Corte as amêndoas descascadas em lâminas finas e mergulhe-as na água por 10 minutos para que amoleçam. Escorra a água e junte as amêndoas, que devem estar macias, na caçarola, deixando-as ainda um pouco no fogo para clarificar. Salpique água de rosas e sirva bem quente.

Da Índia

Uma refeição com os indianos do norte, os punjabi, e os pasquitaneses, uma lembrança do Vale do Indo.

Frango Tandoori *para 4 pessoas*

Frango (chamado murgh na Índia) marinado e feito no tradicional forno de barro, o tandoor ou tanur, podendo ser usada uma churrasqueira. Deve ser grelhado com perfeição.

Tempo de preparo (aprox.): 15 minutos
Estilo: Mughlai
Afeganistão, Paquistão e Índia do Norte.

4 conjuntos de coxa e entrecoxa de frango (cerca de 800/900g) limpo e sem pele ♦ 2 xícaras de iogurte natural bem batido ♦ ½ colher de sopa de garam masala ♦ 1 colher de chá de cominho em pó ♦ 1 colher de chá de pimenta-vermelha em pó ♦ 4 pimentas-vermelhas inteiras amassadas com um pouco de água para formar uma pasta ♦ 1 colher de sopa de gengibre em pasta e 1 alho em pasta ♦ 2 colheres de sopa de suco de limão ♦ 2 colheres de sopa de óleo ♦ Manteiga derretida ou ghee, para pincelar ♦ Sal a gosto ♦ Cebolas cortadas em rodelas finas, fatias de limão e folhas de coentro picado para guarnição

Faça cortes no frango. Aplique sobre o frango uma mistura de pimenta-vermelha em pó, metade do suco de limão e sal, e reserve por uma hora.
Bata o iogurte em uma tigela e acrescente o restante dos ingredientes. Misture bem para formar o marinado. Esfregue bem este marinado no frango e deixe descansar na geladeira de um dia para o outro, de preferência, ou pelo menos por algumas horas.
Coloque o frango em um espeto e leve ao tandoor ou à churrasqueira por cerca de 12 minutos ou até que esteja quase no ponto.
Pincele o frango com manteiga e deixe tostar por mais 3 minutos.
Junte numa travessa o frango e as cebolas em rodelas, fatias de limão e coentro picado.
Sirva quente com Chutney Verde (Hari chutney).

Hari chutney (Chutney verde) *para 4 pessoas*

Tempo de preparo (aprox.): 2 minutos

2 colheres de sopa de coco ralado ♦ 2 dentes de alho amassados ♦ ½ pedaço de gengibre descascado e bem picado ♦ 6 colheres de sopa de folhas de coentro picadas ♦ 4 pimentos verdes picados (*capsicum*) ♦ 1 colher de chá de cada de sementes de cominho e sementes de mostarda ♦ 1 colher de sopa de cebola picada ♦ 1 colher de sopa de óleo ♦ Suco de limão e sal a gosto

Bata no liquidificador o coco ralado, a cebola, os sementes de cominho, pimentões verdes, folhas de coentro, o alho e o gengibre usando um pouco de água. Bata até obter uma pasta lisa. Despeje o chutney em uma tigela e ajuste a consistência usando a quantidade adequada de água.
Aqueça o óleo em uma frigideira em fogo médio por cerca de 2 minutos até que esquente bem. Adicione as sementes de mostarda. Frite rapidamente até que elas estourem e despeje sobre o chutney.
Adicione sal e suco de limão.
Sirva à temperatura ambiente.

Garam Masala (vulgarmente conhecido como curry) *para 200 gramas*

100g de sementes de coentro ♦ 25g de sementes de cominho e 25g de pimenta-negra em grãos ♦ 15g de gengibre seco ♦ 6g cardamomo ♦ 6g de cravo ♦ 4g de canela em pó ♦ 4g de folhas de louro

Toste todos os ingredientes (exceto a canela e o gengibre) levemente até que sequem bem. Deixe esfriar, acrescente os ingredientes restantes e bata no liquidificador ou processador até obter um pó solto e seco.
Armazene em um pote com tampa, em lugar seco e protegido da luz e calor direto. Use conforme necessário.

Ghee ou Manteiga Clarificada

Semelhante à manteiga de garrafa, a manteiga clarificada, *samen* ou ghee, é um rico e aromático meio de cozimento utilizado em vários pratos indianos.

Ghee obtido (aprox.): 425g
Tempo de preparo (aprox.): 25 minutos

500g de manteiga sem sal ♦ Uma pitada de sal

Leve a manteiga com o sal em uma panela ao fogo médio.
Reduza a temperatura quando a manteiga derretida começar a borbulhar. Mantenha em fogo baixo, mexendo constantemente por cerca de 15 minutos até que o resíduo fique levemente marrom e esteja bem aromático.
Deixe descansar por 10 minutos. Coe e armazene em uma garrafa ou pote. Descarte o resíduo. Conserve em geladeira.

O segredo para se fazer um *samen* ou ghee aromático é dourar.

Nan (pão indiano e persa)

1kg de farinha ♦ 1 colher de fermento em pó ♦ 2 ovos ♦ 100g de manteiga derretida (ou ghee) ♦ 2 xícaras de iogurte ♦ 1 e ½ copo de água ♦ 1 colher de sal

Misture os ingredientes secos, depois coloque os ovos e a manteiga, acrescente água e separe em bolinhas. Pincele com manteiga. Abra com o rolo e dê uma puxadinha na ponta. Asse em forno tandoor a 200°C ou em forma de barro por 2 minutos.

Gajar Halwa (Pudim de Cenoura) *para 4 pessoas*

Tempo de preparo (aprox.): 19 minutos

200g de cenoura ralada ♦ 1 xícara de leite ♦ 2 colheres de sopa de leite condensado ♦ 2 colheres de sopa de creme de leite fresco ♦ 4 colheres de sopa de açúcar refinado ♦ 2 colheres de sopa de ghee (manteiga derretida) ♦ Uma pitada de cardamomo em pó ♦ Passas e nozes (ou amêndoas) picadas a gosto

Aqueça a manteiga derretida em fogo médio em uma frigideira. Adicione a cenoura ralada e misture bem. Frite a cenoura por aproximadamente 10 minutos ou até que esteja cozida.
Misture o leite, o açúcar e o leite condensado. Adicione a mistura à cenoura e deixe cozinhar em fogo baixo, sem tampar, por cerca de 7 minutos, mexendo periodicamente.

Adicione pingos de creme de leite fresco. Polvilhe o cardamomo em pó, acrescente as passas e as nozes picadas. Mantenha em fogo baixo por mais 2 minutos.
Sirva quente ou frio.

A influência da Índia do sul: Aprendendo com um keralita

Samban especial *para 4 pessoas*

½ cebola picadinha ♦ 2 dentes de alho picadinhos ♦ 6cm de gengibre picadinho ♦ 2 tomates finamente cortados, sem pele e sem sementes ♦ 1 folha de curry (erva) ♦ 2 pimentos chili verdes ♦ Sal a gosto ♦ Pimenta-negra do Malabar moída a gosto ♦ 1 colher de sobremesa de cúrcuma em pó ♦ 1 colher de café de coriandro em pó ♦ 1 colher de sopa de Garam masala ♦ 12 camarões gigantes ♦ 1 colher de sopa de óleo de coco (ou azeite para cozinha) ♦ 1 colher de café de vinagre

Coloque tudo, menos o óleo, o vinagre e os camarões, em uma frigideira e mexa por uns 2 minutos. Acrescente os camarões gigantes e deixe cozinhar por uns 4 minutos mexendo sem parar.
Acrescente óleo de coco, água (aos poucos) e um dedinho de vinagre.
Mexa sem parar e vá adicionando um pouco mais de água por 30 minutos.
Sirva sobre uma folha de bananeira!
Arroz é o acompanhamento.

Arroz com coco *para 4 pessoas*

2 xícaras de chá de arroz ♦ 500ml de leite de coco ♦ 5 xícaras de chá de água ♦ Sal a gosto ♦ Coentro picado para enfeitar

Cozinhe o arroz na água com sal até a água ser absorvida pela metade. Junte o leite de coco e continue a cozinhar até ficar no ponto, ainda úmido mas bem macio. Junte o coentro picado, feche a panela e desligue o fogo. Sirva imediatamente.

Da comunidade iraniana
Receitas antigas da Pérsia

Duas Ashes, isto é, duas sopas persa-iranianas

Ash é um prato muito popular entre os iranianos, famoso devido às diversas maneiras de que pode ser preparado.
São várias as histórias ligadas ao preparo de ash e à origem do prato.
Sua importância é marcante, pois a palavra persa para cozinha é ash-paz-khaneh, a casa do cozinheiro, ou da sopa. Isto indica a importância da palavra "ash" e o papel que a sopa representa na vida dos antigos iranianos.
O prato é geralmente muito simples. Sua variedade de ash depende da localização geográfica e dos ingredientes disponíveis. Com um toque artístico, torna-se tão bela como as poesias de Fidursi ou Saadi, tão colorida e rica como suas pinturas em miniatura. A seguir é mostrada uma lista básica das variedades de ashes preparadas em todas as partes do Irã.

Ash-e Anar (sopa de romã) *para 4 pessoas*

1 batata-doce ♦ 2 cebolas novas ♦ 2 dentes de alho ♦ Um bocado de ghee (manteiga clarificada) ♦ 1 colher de café de cúrcuma ♦ 1 colher de café de amchoor (pó de manga seca) ♦ 1 punhado de hortelã picada ♦ 1 colher de sopa de coentro picado ♦ 5 colheres de café de melaço de sementes de romã ♦ ½ xícara de lentilhas louras ♦ ½ xícara de arroz basmati ♦ 2 xícaras de caldo de carne (cerca de 20cl)

Para as pequenas bolas de carne:

400g de carne de carneiro moída ♦ 1 colher de café de cominho ♦ Miolo de pão amolecido no leite ♦ 1 cebola ♦ 1 colher de café de coentro em pó ♦ Sal e pimenta a gosto

Refogue numa caçarola as cebolas e o alho na ghee. Quando estiverem dourados, junte a batata cortada em pedaços, as lentilhas, a cúrcuma, o amchoor (se tiver), o coentro e a hortelã. Regue com o caldo, salgue e apimente, cubra e deixe cozinhar em fogo suave por 40 minutos.
Durante este tempo, preparar as pequenas bolas com todos os ingredientes.
Acrescente o arroz e as pequenas bolas de carne, e a seguir deixe cozinhar mais por 25 minutos, acrescentando caldo se necessário.
Acrescente o melaço e as sementes de romã e sirva quente.

Sopa de carne de boi com iogurte *para 6 pessoas*

Preparo: 20 minutos
Cozedura: 50min

2 cebolas-brancas ♦ 2 colheres de sopa de óleo ♦ 1 colher de sopa de cúrcuma ♦ 100g de ervilhas quebradas ♦ 1,5l de água ♦ 350g de carne de boi moída ♦ 200g de arroz ♦ 2 colheres de sopa de cada uma das seguintes ervas: salsa, coentro, cebolinha, e mais uma de salsa para fazer as bolas de carne ♦ 20g de manteiga ♦ 1 dente de alho finamente fatiado ♦ 4 colheres de sopa de hortelã fresca picada ♦ 3 filamentos de açafrão ♦ 2 xícaras de iogurte natural ♦ Sal e pimenta-preta em pó, a gosto

Pique uma das cebolas. Aqueça o óleo em uma grande caçarola e refogue a cebola picada. Acrescente a curcuma, as ervilhas quebradas, a água (fria), levando à ebulição. A seguir abaixe o fogo e deixe cozinhar lentamente por 20 minutos. Pique finamente a outra cebola, coloque-a num recipiente, acrescente a carne de boi previamente moída e 2 colheres a sopa de salsa. Misture e forme pequenas bolas da dimensão de uma noz. Mergulhe-as delicadamente na caçarola que já contém a sopa e faça cozinhar por 10 minutos. Acrescente o arroz, 2 colheres de sopa das três ervas, prolongue a cozedura por 20 minutos até que o arroz fique tenro. Durante este tempo, aqueça a manteiga numa outra panela e refogue o alho picado. Retire do fogo, acrescente a hortelã picada e reserve. Amorne uma colher de sopa de água, e coloque de molho os filamentos de açafrão que perfumarão a sopa. Repartir a sopa em tigelas, colocando em cada uma delas hortelã e iogurte. Perfume cada uma com a água de açafrão.
É comum acompanhar esta receita com o nan.

FERNANDA DE CAMARGO-MORO

Shirin Polo (Arroz de açafrão, galinha, casca de laranja e pistache)
para 4 pessoas

Tempo total: 2 horas
Tempo de preparação: 15-20min
Tempo de cozedura: 1h30

Delicioso, inusitado. Agridoce, uma experiência culinária diferente. Pode também ser usado um frango já cozido, mas que seja macio.

Zesta ou casca de 2 laranjas cortadas em finas lâminas ♦ 3 cenouras cortadas fininhas ao comprido ♦ 200g de amêndoas sem casca ♦ 175g de açúcar ♦ 60g de pistache não salgado e descascado ♦ 1,5kg de frango (peitos) ♦ 60ml de óleo vegetal ♦ Sal, pimenta, cúrcuma a gosto ♦ 500ml de arroz cru ♦ 2 cebolas cortadas em 4 ♦ 125ml de manteiga ♦ Uma pitada de açafrão dissolvida em 2 colheres de sopa de água fervendo ♦ 1 ¼ de litro de água

Coloque no fogo as cascas de laranja finamente cortadas numa panela pequena com água e deixe ferver; retire; passe em água fria e escorra. Coloque as cenouras numa caçarola e deixe cozinhar por 10 minutos ou até as cenouras ficarem tenras. Retire a água e acrescente as zestas (cascas) de laranja, as amêndoas, o açúcar e o açafrão; cubra e deixe cozinhar em fogo lento e suave por 20 minutos; acrescente os pistaches e deixe cozinhar por mais 5 minutos. Doure o frango no óleo dos dois lados e reserve; retire a gordura e coloque o frango numa panela. Salgue, cubra com as cebolas e despeje a água em cima, deixando ferver em fogo máximo por 30 minutos até que o frango esteja cozido, retire os ossos e desfie. Junte o arroz previamente cozido e misture. Aqueça bem o forno. Unte bem uma forma refratária e coloque camadas de arroz, frango e as cenouras preparadas. Repita as camadas. Coloque no forno para dourar e sirva quente.

Do Líbano

Halawet Jeben (queijo doce)

Tempo total: 12 horas
Tempo de preparação: alguns minutos
Tempo de cozedura: alguns minutos
Tempo de refrigeração: uma noite

500g de queijo mozarela de búfala ralado ◆ 500ml de água ◆ 250ml de açúcar ◆ 250ml de sêmola

Preparação num tacho; ferver a água e o açúcar até que este último se dissolva. Verta a sêmola devagar; quando a água chegar ao ponto de ebulição, acrescente o queijo e deixe-o derreter inteiramente. Verta numa tigela oca ou num molde; deixe esfriar completamente. Feche com uma tampa ou uma película plástica e deixe refrigerar toda a noite. Cortar em pedaços no momento de servir.

Tabule

4 tomates ◆ 1 cebola pequena ◆ 1 xícara de trigo fino ◆ 2 talos de cebolinha verde ◆ 1 maço de hortelã pequeno ◆ 1 e ½ xícaras de salsinha picada ◆ 1 pepino ◆ 4 colheres de sopa de azeite de oliva ◆ 4 colheres de sopa de suco de limão ◆ Pimenta síria (opcional)

Lave bem o trigo em uma peneira, coloque de molho em água fria por 15 minutos. Corte os tomates ao meio e elimine as sementes. Corte-os em quadradinhos e descasque o pepino. Elimine as sementes e também corte em cubinhos. Pique finamente a hortelã, cebola e cebolinha. Coloque em uma travessa e acrescente a salsinha já picada, os cubinhos de tomate e de pepinos. Misture. Escorra e esprema muito bem o trigo para eliminar o máximo de água possível. Acrescente à salada. Em um pequeno recipiente, misture o azeite, sal, pimenta doce e suco de limão. Regue o tabule e misture muito bem. Sirva com folhas de alface e pão sírio.

Kebabs com tomates refogados

10 e ½ cebolas — 10 cortadas ao meio e ½ média em cubos pequenos ♦ Sal a gosto ♦ 2 colheres de sopa de azeite ♦ 1 colher de chá de orégano seco ♦ 20 tomates-cereja cortados ao meio ♦ 1 xícara de chá de salsinha picada ♦ 1 colher de sopa de raspas de limão ♦ 250g de carne moída magra ♦ 1 colher de chá de cominho em pó

Modo de Preparo:

Em uma tigela, coloque a metade do azeite, a carne, a cebola, as raspas de limão, o cominho, a salsinha e o sal. Misture até ficar homogêneo. Faça 5 rolinhos com a mistura em forma de salsicha um pouco grossa e coloque em um espetinho para churrasco. Apóie os espetinhos sobre as bordas de uma assadeira e leve ao forno por 25 minutos ou até dourar.
Em uma frigideira, aqueça o restante do azeite, junte a cebola, os tomates, o orégano e acerte o sal. Refogue até os tomates murcharem. Sirva com os kebabs.

Glossário

Aquemênida: a dinastia aquemênida governou a Pérsia em seu primeiro período monárquico independente. Sua linhagem remonta ao rei Aquêmenes da Pérsia, na verdade um governante tributário ao reino da Média no século VII a.C. Os aquemênidas chegaram no apogeu sob o governo de Ciro II da Pérsia, bisneto de Aquêmenes. Ciro subjugou a Média e todas as outras tribos arianas da área do atual Irã, e conquistou a Lídia, a Síria, a Babilônia, a Palestina, a Armênia e o Turquistão, fundando o Império Persa. As conquistas foram levadas adiante por seu filho Cambises II, que conquistou o Egito, e Dario I, que expandiu o poderio persa pela Europa, conquistando a Trácia e consolidando seu poder na Anatólia. Neste primeiro período, os governantes aquemênidas caracterizaram sua administração pela tolerância com as diferentes culturas e religiões dos povos conquistados, gerando uma lealdade sem precedentes entre seus súditos. Também construíram estradas ligando as principais cidades e um sistema de correios eficiente. As estradas também se destinavam ao comércio do Egito e da Europa com a Índia e a China, do qual a Pérsia se beneficiou grandemente. Após a tentativa frustrada de Dario de conquistar a Grécia, o Império Aquemênida começou a declinar. Décadas de golpes, revoltas e assassinatos enfraqueceram o poder dos aquemênidas. Em 333 a.C., os persas já não tinham mais força para suportar a avalanche de ataques de Alexandre, o Grande, e, em 330 a.C., o último rei aquemênida, Dario III, foi assassinado por seu sátrapa Bessus, e o primeiro Império Persa caiu em mãos dos gregos e macedônios.

Abadan: Cidade da província do Cuzestão, no sudoeste do Irã. Situada na ilha de mesmo nome do Chatt al-Arab, na foz do rio Arvand. Acredita-se que Abadan se tenha desenvolvido originalmente como cidade portuária, sob o governo dos abássidas, mas só passou a ter realmente importância no século XX, com a descoberta de ricos campos petrolíferos na região. Em 1910, a população era de cerca de 400 habitantes. A Companhia Anglo-Persa de Petróleo começou a construir a sua primeira refinaria de petróleo em Abadan em 1909, completando-a em 1913. Em 1938, era a maior do mundo. Até hoje se mantém como uma importante infra-estrutura de refinação. O Instituto de Tecnologia de Abadan estabeleceu-se em Abadan em 1939. A escola especializou-se em engenharia e química do petróleo, tendo como principal função preparar os quadros da refinaria da cidade. O nome da escola foi modificado por diversas vezes, mas desde 1989 tem sido considerado um campus subsidiário da Universidade de Tecnologia do Petróleo, com sede em Teerã.

Acad: Acad (Akkad, ou Accad, Ágade, Agade, Agadê, Acade) é o nome dado tanto a uma cidade como à região onde ela se localizava na parte superior da Baixa Mesopotâmia, situada à margem esquerda do Eufrates, entre Sippar e Kish (no atual Iraque, a cerca de 50km a sudoeste do centro de Bagdá). Contudo, é comum referir-se à cidade como Agade e à região como Acad. A cidade/região alcançou o auge do seu poder entre os séculos XXVI a.C. e XXII a.C., antes da ascensão da Babilônia. O acadiano, sua língua, teve seu nome proveniente da própria Acad, um reflexo do uso do termo akkadû ("da, ou pertencente à, Acad") no período babilônico antigo para designar as versões semíticas de textos sumérios. O vocábulo foi cunhado no século XXIII a.C. Os acádios, grupos de nômades semitas vindos do deserto da Síria, começaram a penetrar nos territórios ao norte das regiões sumérias, terminando por dominar as cidades-Estados desta região por volta de 2550 a.C. Mesmo antes da conquista, porém, já ocorria uma síntese entre as culturas suméria e acádia, que se acentuou com a unificação dos dois povos. Os ocupantes assimilaram a cultura dos vencidos, embora, em muitos aspectos, as duas culturas mantivessem diferenças entre si, como por exemplo — e mais evidentemente — no campo religioso. A maioria das cidades-templos foi unificada por volta de 2375 a.C. por Lugal-Zage-Si, soberano da cidade-Estado de Uruk. Esta pode ter sido uma das primeiras manifestações de uma idéia imperial de que se tem notícia na história, Império de Sargão. Depois, quando Sargão I, patési da cidade de Acádia, subiu ao poder, no século XXIII a.C., ele levou esse processo cooptativo adiante, conquistando muitas das regiões circunvizinhas, terminando por criar um império de grandes proporções, cobrindo todo o Oriente Médio e chegando a se estender até o Mar Mediterrâneo e a Anatólia.

Afonso de Albuquerque (vila da Alhandra, 1462-Goa, 16 de dezembro de 1515): militar e político português, uma das principais figuras da expansão portuguesa no Oriente e da afirmação de Portugal como grande potência asiática enquanto governador da Índia. Educado na corte de D. Afonso V, partiu em 1480 na esquadra mandada em socorro do rei

D. Fernando de Nápoles, "para reprimir o furor dos turcos". Esteve na expedição de 1489 para defender a fortaleza da Graciosa, situada na ilha formada por um rio junto da cidade de Larache. Foi estribeiro-mor do rei D. João II, a quem em 1476 acompanhou nas guerras com Castela. Esteve assim nas praças-fortes de Arzila e Larache (Marrocos) em 1489, e em 1490 fez parte da guarda de D. João II, tendo voltado novamente a Arzila em 1495. Em 6 de abril de 1503 partiu para a Índia com o primo Francisco de Albuquerque, comandando cada qual três naus, tendo participado de várias batalhas, erguido a fortaleza em Cochim e estabelecido relações comerciais com Coulão. De regresso ao reino de Portugal, foi bem acolhido por D. Manuel, que em 1506 tornou a enviá-lo ao Oriente em companhia de Tristão da Cunha, nomeando-o governador da Índia na sucessão do vice-rei D. Francisco de Almeida. Neste posto, conquistou vários portos em Omã, acabando por chegar a Ormuz, que se tornou tributário de Portugal. Em 1510 tomou Goa ao turco Hidalcão e em 1511 tomou Malacca, abrindo aos portugueses o acesso às especiarias das Molucas e ao comércio com a China. Em fevereiro de 1513 Albuquerque partiu para o Estreito de Bab-el-Mandeb, tentando tomar Aden, sem êxito. Com a construção da fortaleza de Ormuz em 1515, concluiu o seu plano de domínio dos pontos estratégicos que permitiam o controlo marítimo e o monopólio comercial da Índia.

Ahl al-dhima: povo do livro. Nome dado pelos muçulmanos aos judeus, cristãos e persas zoroastristas, pois os livros seriam a Bíblia (Antigo e Novo Testamentos) e o Avesta.

Aiatolá: (Ayatollah) é considerado sob as leis do Islã xiita o mais alto dignatário na hierarquia religiosa. Existe, porém, a diferença entre xeque, aquele que estudou a sharia em uma universidade islâmica, e o aiatolá. Este último é um título dado apenas àqueles que têm merecimento, quer seja por aclamação ou nomeação de outro aiotalá ou indicação de um xeque. "Aiât" quer dizer Sinal/Versículo e "Allah" Deus, ou seja, o aiatolá é o expoente do conhecimento dentro do Islã xiita. Não há votação para a escolha, e sim aclamação direta. Assim, um clérigo comum pode ser aclamado diretamente ao cargo se tiver o conhecimento e discernimento necessários. Os mais conhecidos são o Khomeini, que liderou a revolução iraniana de 1978, e o Khamenei, que foi presidente do Irã.

Al-Mawsil ou Mossoul (em árabe al mawşil): cidade do Iraque sobre as duas margens do rio Tigre, possui cinco pontes de ligação para os dois lados. É a terceira cidade do Iraque, depois de Bagdá e Bassorá. O nome Al-Mawsil foi dado pelos árabes depois que os combatentes muçulmanos tomaram o poder na região no século II. Como capital do Império Assírio Ninawa (Niniveh) foi bem conhecida durante muito tempo. Ela abrigou o trono de muitos reis assírios e deixou uma magnífica herança arqueológica, que serve de testemunha para o grande desenvolvimento intelectual de seu povo e do tesouro inestimável, a biblioteca do rei Assurbanípal. Esta biblioteca não é importante apenas por suas obras, antiguidades de valor inestimável, mas também porque seu conteúdo vem sendo usado para desvendar grande parte da história da região que vai da Mesopotâmia à Península Arábica, incluindo o Golfo. A cidade é também um centro histórico dos cristãos nestorianos assírios. Importantes jazidas de petróleo em sua proximidade um dia asseguraram seu excelente desenvolvimento, juntamente com o fato de ser o maior centro de desenvolvimento da agricultura, incluindo a tecelagem com suas próprias plantas têxteis. Hoje, Mossul sofre profundamente os dissabores da invasão do Iraque.

Al-Ain: a cidade não-litorânea de Al-Ain (a fonte), é a principal cidade do Subemirado Oriental do Emirado de Abu Dhabi, ficando próxima à fronteira leste com o Sultanato de Oman, na Península Arábica. A cidade é dotada de grande infra-estrutura: museus, universidades, aeroporto internacional, lagos verdes entre as montanhas, zoológicos, aquários, parques temáticos, local para corrida de camelos, jardins, hotéis de variados níveis, resorts, campos de golfe e importantes sítios arqueológicos.

Al-Batinah: Uma das regiões (*mintaqah*) do Omã, a costa da Al-Batinah é uma das regiões mais populosas do país, onde ela ocupa uma parte importante da costa do Golfo de Omã. Está entre Khatmat Malahah, no norte, e Ras al-Hamra, no sul, e entre as montanhas Al-Hajar Al-Gharbi, no oeste, e o Golfo de Omã, no leste. A região Al-Batinah contém 12 wilayas (comarcas): Sohar, Ar Rustaq, Shinas, Liwa, Saham, Al-Khaburah, As-Suwayq, Nakhal, Wadi Al-Maawil, Al-Awabi, Al-Musanaah e Barka.

Abbas I: Shah Abbas I foi o primeiro dos governantes Safávidas a estabelecer a Pérsia como um país homogêneo, unificando a língua farsi como língua oficial do país, além de forçar a adoção do xiismo. Na parte cultural, ele foi brilhante, datando da época belas construções.

Alexandre Magno: Alexandre Magno, ou o Grande, Mégas Aléxandros; em farsi e nos países vizinhos: Iskander. Nasceu em Pela, na Macedônia, em 21 de julho de 356 a.C. e faleceu em 10 de junho de 323 a.C. na Babilônia. O mais célebre conquistador do mundo antigo era filho de Filipe II da Macedônia e de Olímpia do Épiro, mística e ardente adoradora do deus grego Dionísio. Em sua juventude, teve como preceptor o filósofo Aristóteles. Tornou-se rei da Macedônia aos vinte anos, na seqüência do assassinato do seu pai. Conquistou um império que ia dos Bálcãs à Índia, incluindo também o Egito e a Bactriana (aproximadamente, o atual Afeganistão). Este império era o maior e mais rico que já havia existido. Seus grandes êxitos militares encontram razão na sua habilidade de comando e sagacidade, que o levam a ser considerado um dos maiores generais de todos os tempos. Nunca perdeu nenhuma batalha e a expansão territorial que ele proporcionou é uma das maiores da História, e ainda assim num período bem curto da História. Além disso, era um homem de muita coragem pessoal e de reconhecida sorte. No Oriente, sua personagem transformou-se num mito, fonte de inspiração de escritores e poetas.

Al-Fujayrah: um dos EAU, governado pelo emir Hamad bin Mohammed Al Sharqi, tem uma superfície de 1.166km², e uma população de 116.285 habitantes (2006). Sua moeda é o dirham dos EAU (AED). Seu nome tanto indica a capital como um dos Emirados. Em 1876, Hamad bin Abdullah al-Sharqi tornou-se o primeiro emir de Al-Fujayrah que era então uma dependência do emirado de Sharjah. Em 1902, ele declarou seu Emirado independente de Sharjah. A independência de Al-Fujayrah foi reconhecida 50 anos mais tarde, em março de 1952. Em 2 de dezembro de 1972, Al-Fujayrah se tornou um dos seis membros fundadores dos EAU, que receberam mais tarde o Emirado de Ras Al-Khaymah, passando a ser sete. Emissor de belos selos entre 1964 e 1972 este Emirado passou a ser muito conhecido pelo mundo colecionador. É o único dos EAU inteiramente voltado para o Golfo de Omã e sem ligação com o Golfo Pérsico. Muito montanhoso, seu território é constituído de dois enclaves bem extensos e dois pequenos, dos quais um tem a soberania dividida com o Emirado de Sharjah. Possuiu fronteiras com Omã e os Emirados de Ajman (enclave de Manama), Sharjah e Ras al-Khaymah. O clima é desértico e semidesértico na costa graças à umidade e às nuvens que vêm do Oceano Índico. Situado na costa leste dos EAU, Al-Fujayrah possui muito pouca reserva de petróleo e gás e não pode praticar a pesca de pérolas, pois a água muito fria impede a sobrevivência das ostras perlíferas. A economia deste Emirado é baseada na agricultura e na pesca. Desde alguns anos, este Emirado busca desenvolver suas atividades portuárias tirando partido de sua posição geográfica, pois assim os barcos podem chegar aos EAU sem passarem no Estreito de Ormuz, o que diminui o trajeto e o torna mais seguro, evitando as possíveis dificuldades do Golfo. Os porta-containers e os petroleiros podem acostar mais facilmente no Emirado de Fujayrah, que dispõe de portos de águas profundas, o que não é o caso dos outros portos dos EAU no Golfo Pérsico.

Apadana: o nome da grande sala de audiências de Persépolis, pertence à antiga fase de construções da cidade, construída durante a primeira metade do século V a.C. como parte original do projeto de Dario, o Grande. Foi terminada por Xerxes. Aparece como Apadana nos textos em Pali, no antigo persa apadāna. Deu em elamita *ha-ha-da-na*, e em babilônio *AP-pa-da-na*. É etimologicamente ambígua, tendo sido comparada com a palavra em sânscrito *apa-dha*. Ela cobre uma área de 112km², e seu teto é suportado por 72 colunas de 20m de altura. O hall de entrada foi destruído pelo exército de Alexandre, o Grande, que deixou apenas uma coluna em pé. As pedras foram usadas como material de construção de estabelecimentos vizinhos, porém foi reconstituída parcialmente no século XX. O acesso ao hall é feito através de duas escadas, no norte e no leste, decoradas em relevos mostrando as 23 nações submetidas pagando tributo a Dario I. É interessante reconhecer as diversas tradições e culturas destes povos da Pérsia no V século a.C. minuciosamente tratadas no relevo. As inscrições são em persa antigo e elamita.

Apsû (ou abzu em sumeriano): é o nome do deus do oceano subterrâneo de água doce na mitologia suméria e acadiana. Segundo esta crença, os lagos, fontes, rios, poços e outros pontos de água provêm dele. O deus sumério Enki (Èa, em acadiano) começou a viver nas águas de Apsû antes mesmo dos seres humanos verem o dia. Sua mulher, Damgalnuna, sua mãe, Nammu, e uma variedade de criadores subordinados ali igualmente residem. Em Eridu, o templo de Enki leva o nome de E-abzu (o templo de abzu). Certas cisternas de água sagrada no pátio da Babilônia e da Assíria eram igualmente denominadas apsû ou abzu. Utilizadas para purificação religiosa, as cisternas podem ser consideradas como precursoras das instalações similares existentes nas mesquitas islâmicas e nas fontes batismais das igrejas cristãs. Apsû também aparece como divindade distinta, mas somente na epopéia babiloniana da criação. A Enûma Elish. Nesta história, no entanto, ele tem os traços de um monstro primitivo de água doce e se revela amante de outra divindade primitiva, Tiamat, uma criatura da água salgada.

Ardacher I: descendente de uma linhagem de sacerdotes zoroastrianos que governava a província de Pars (berço do Império Persa, corresponde hoje à província de Fars), foi quem iniciou a dinastia sassânida. Seu avô paterno foi Sassan, o grande sacerdote do Templo de Anahita; historiadores posteriores dariam à dinastia reinante da Pérsia a designação sassânida. O pai de Ardacher, Papag, depôs o rei de Pars (vassalo do Império Parto) e assumiu o trono. O próprio Ardacher subiu ao poder em Pars, em 208, após rebelar-se contra o irmão. A expansão do reino de Pars pelos territórios vizinhos atraiu a atenção de Artabano IV, Grande Rei do Império Parto, suserano de Ardacher. Artabano avançou contra Pars, em 224, mas foi morto em batalha, em Hormizdeghan. Ardacher, então, anexou as demais províncias da Pártia. Foi coroado em 226 Xainxá (imperador) da Pérsia, encerrando 400 anos de domínio parto e dando início a quatro séculos de governo sassânida. Ardacher e seus sucessores estabeleceram um vasto império baseado em Firuzabad, Pars (naquela época conhecida como Gor), que alcançava as fronteiras do antigo Império Aquemênida a leste do rio Eufrates. Travaram guerras freqüentes com o Império Romano (e, depois, o Bizantino). Os imperadores sassânidas adotaram o zoroastrismo como religião oficial. A expansão continuou com o filho e sucessor de Ardacher, Sapor I (reg. 241-272). Este empreendeu diversas campanhas contra o Império Romano e chegou até mesmo a capturar o Imperador Valeriano, em 259.

Arvand Rood: nome persa do Chatt al-Arab.

Assíria: Império do norte da Mesopotâmia.

Avesta: Avesta é o nome das mais antigas escrituras do zoroastrismo da Pérsia que datam de antes de 500 a.Ç. A base do Avesta é um conjunto de hinos (ou gathas) que falam do deus criador Ahura Mazda. Nos textos de caráter litúrgico do "Avesta", coleção de escritos sagrados ditados por Zarathustra no século VII a.C., está dito: "Adoramos os radiantes âmbitos de Asa (a Verdade), onde moram as almas dos mortos... Adoramos a existência melhor dos asavenes (possuidores da Verdade), luminosos e donos de todas as coisas gratas" (Yasna, 16,7). É refletido, pois, em suas doutrinas o convencimento de que o conteúdo espiritual do defunto formará, ao menos parcialmente, na "existência melhor", bem-aventurada do paraíso. O Zend Avesta é o conjunto que forma livro santo do zoroastrismo.

Babilônia: cidade do centro da Mesopotâmia, que deu o nome a um Império.

Bahmanshir: cidade próxima a Khoramshar.

Barheini: natural do Barhein.

Banco de ostras: o mesmo que leito de ostras, plataforma na beira d'água, podendo ser mar, rio, ou lago, que contém uma grande quantidade de ostras.

Bandar Abas: importante porto da costa iraniana do Golfo, nas vizinhanças do Estreito de Ormuz.

Bandar He-Hormoz: nome persa do antigo porto de Ormuz.

Barbar: templo existente em Dilmun.

Barhein: o nome Bahrein tanto pode indicar o país atual, como o arquipélago em que ele se situa, composto de trinta ilhas e ilhotas no Golfo Pérsico, a leste da Arábia Saudita e a noroeste do Qatar. A maior das ilhas é a *dhkle* Bahrein, com 16km de extensão no sentido leste-oeste e 48km no sentido norte-sul. O arquipélago foi povoado desde os tempos pré-históricos, e graças à sua posição estratégica no Golfo, serviu de ligação durante muito tempo entre Magan, Makkan, Meluha e Sumer, enriquecendo e fazendo de seu reino, na época denominado Dilmun, um país de sucesso. Sua posição também fez com que fosse ambicionada, influenciada e muitas vezes controlada por assírios, babilônios, gregos e, finalmente, pelos árabes que converteram sua população ao Islã. A antiga Dilmun, quando recebeu penetração grega passou a ser denominada Tylos. Estabelecendo uma nova proposta cultural, os persas a denominaram Awal ou Mishmahig. As ilhas eram um refúgio dos muçulmanos garmatas quando foram ocupadas por Portugal em 1507. Entre 1602 e 1783, passaram para a dependência persa, e depois passaram a ser governadas pela dinastia árabe dos Khalifa afastando-se da Pérsia, que ao tentar recuperar as ilhas provocou sua vinculação como protetorado britânico, o que foi ratificado pelos Tratados de 1880, 1892 e 1913. O Irã continuou tentando ter a posse do arquipélago, tendo renunciado às suas pretensões somente em 1970-1980. Seu litoral rico em bancos de ostras e a exímia atividade de seus pescadores fizeram durante muito tempo Barhein ser um grande exportador de pérolas, até o empobrecimento dos compradores americanos com a crise de 1930, e com isso o avanço das pérolas cultivadas por serem mais baratas. As primeiras escavações para encontrar petróleo datam de 1932, trazendo um novo alento para a economia e também provocando em cerca de 1950 as primeiras reivindicações nacionalistas para a independência. Em 1968 o Barhein se integrou à antiga Federação dos Emirados Árabes, porém se afastou três anos depois. A dinastia Al-Khalifa se manteve à

frente do Estado e seu chefe tomou o título de emir. Hoje, o Emirado de Barhein é um Estado avançado, cuidadoso com sua herança cultural, cuja evolução pode ser vista no interessante Museu Nacional.
Basaidu: apelação portuguesa para a cidade indiana Badassore.
Bassorá: Basra — cidade no sul do Iraque, próxima ao Chatt-al-Arab, a segunda das cidades iraquianas em importância.
Bedzed: a Urbanização Energia Zero de Beddington (Bedzed), localizada ao sul de Londres, formada por 100 habitações e escritórios, tem a particularidade de gastar apenas 10% da energia de uma urbanização convencional no seu aquecimento (Passive House). Possui um sistema no telhado de aproveitamento da água das chuvas, incentiva as pessoas a usar automóvel o menos possível através de um regime de partilha de veículos e criação de circuitos para pedestres e ciclistas, entre outras facilidades que incrementam a qualidade da vida individual e comunitária, maximizando assim a eficiência energética. Um modelo residencial, a funcionar desde março de 2002, que pode ser erigido em praticamente qualquer lugar. O futuro da habitação passa por ali.
Betume: palavra oriunda do latim "bitumen", é mistura sólida, pastosa ou mesmo líquida de compostos químicos (hidrocarbonetos) que pode aparecer na natureza ou ser obtida em processo de destilação do petróleo. Sinônimo: pez mineral. Substância facilmente inflamável, de cor escura e pegajosa. É constituído de carbono, hidrogênio e outras substâncias. Do betume são obtidos vernizes, massas de revestimento, bases para pintura. Para a pavimentação de ruas é utilizado o betume formado de resíduos do petróleo destilado, popularmente conhecido como piche. Pode ser usado como protetor de madeiras e outros materiais orgânicos, pois impede a proliferação de cupins.
Bombaim: importante porto da Índia, no Oceano Índico (Mar de Omã), ultimamente retomou o nome antigo Mumbai.

Bulgur: conhecido como *burghul* em países do Oriente Médio e do norte da África e como *bulgur* na Turquia) é feito de diferentes tipos de espécies de trigo, mas mais freqüentemente de trigo duro ou durum (*triticum durum*).

Bushehr: antiga Lyam. Os gregos conheciam esta província pelo nome de Mezambria durante as batalhas de Nearco (Nearchos). Uma equipe de arqueólogos franceses, no entanto, determina que sua origem data do Império Elamita, sendo uma cidade antiga conhecida com o nome de Lyam, que possuía um templo em honra da deusa elamita Kiririsha. Acredita-se que Lyam fosse uma porta comercial para o Oceano Índico na época elamita.

Cairn: leito de pedregulhos.

Cassitas: os cassitas estabeleceram-se em cerca de 1800 a.C. na região oeste do Irã. Lá eles fundaram seus povoamentos, dos quais pouco se sabe. Algumas 300 palavras em cassita foram encontradas em documentos babilônicos. Não sabemos quase nada sobre a estrutura social dos cassitas ou de sua cultura. Parece que eles não seguiam um governo hereditário, que sua religião era politeísta; destes, são conhecidos os nomes de 30 divindades. O começo do domínio cassita na Babilônia não pode ser estabelecido com exatidão. Um monarca chamado Agum II governou uma área que se estendia do oeste do Irã até a metade do vale do rio Eufrates; mais tarde desceram pelo Golfo em busca de Dilmun, conhecida por seu adiantamento e riqueza.

Catar ou Qatar, **Emirado**: o país ocupa toda a Península de Catar, na costa noroeste da Península Arábica, junto ao Golfo Pérsico. O clima é seco e bem quente, e o território é plano e desértico. Sua área é de 11.437km². Além da capital, Doha, tem como cidades principais Al-Rayyan, Al-Wakrah e Umm Sa'id. O Catar é um dos novos Emirados da Península Arábica. Depois de ser dominado pelos persas durante milhares de anos e, mais recentemente, pelo Bahrein, turcos otomanos e britânicos, transformou-se num país independente em 3 de setembro de 1971. Ao contrário da maior parte dos Emirados vizinhos, o Qatar recusou tornar-se parte da Arábia Saudita ou dos Emirados Árabes Unidos. A descoberta do petróleo transformou por completo a economia da nação. Antes, o Catar era uma região pobre, dependente da pesca e das pérolas. Hoje, o país tem um nível de vida elevado e todas as amenidades de uma nação moderna.

Cenozóico: na escala de tempo geológico, o Cenozóico é a era do éon Fanerozóico que se inicia há cerca de 65 milhões e 500 mil anos atrás e se estende até o presente. A era Cenozóica sucede a era Mesozóica de seu éon. Divide-se nos períodos Paleogeno e Neogeno, do mais antigo para o mais recente. O princípio da Era Cenozóica marca a abertura do capítulo mais recente da história da Terra. O nome desta era provém de duas palavras gregas que significavam "vida recente". Durante a Era Cenozóica, a face da Terra assumiu sua forma atual. A vida animal transformou-se lentamente no que hoje se conhece, nela se desenvolveu o ser humano.

Châlit: estrado transportável de madeira ou metal muito usado no Oriente.

Charjah: *V. Sharjah.*

Chatt al-arab: rio formado pelo Tigre e pelo Eufrates antes de desembocarem no Golfo.

Chiraz: importante cidade iraniana do Fars, na vizinhança de Persépolis.

Ciprinídeos: importante família de peixes de água doce que compreende numerosas espécies comuns e comestíveis: *carpa, barbo, tenca* etc.

Cleziou, Serge: cientista francês, uma das maiores autoridades sobre os oásis da Arábia.

Cochinchina: a Cochinchina era a parte mais meridional do Vietnã, a leste do Camboja, formando principalmente o delta do rio Mekong. Originalmente chamada Jiaozhi, pelos seus dirigentes chineses, Cochim é a fonética para o caráter chinês significando "colinas com a base cruzada" ou "dedos cruzados". Localmente é chamada Nam Kỳ, significando "fronteira sul". Durante a ocupação francesa, era chamada em francês de Cochinchina, e sua capital era Saigon. As duas outras partes do Vietnã na época eram Annam e Tonquim.

Companhias de Comércio: importantes companhias européias cujas maiores ações eram a exportação e a importação de produtos das colônias.

Corfacão: nome dado pelos portugueses a Khor Fakkan.

Creek: V. khor

Curdistão: Curdistão é uma região com cerca de 500.000km² distribuídos em sua maior parte na Turquia e o restante no Iraque, Irã, Síria, Armênia e Azerbeijão. Seu nome provém do povo que o habita, os curdos.

Curdos: hoje a mais numerosa etnia sem Estado no mundo. São 26 milhões de pessoas, na sua maioria muçulmanos sunitas, que se organizam em clãs e, em algumas regiões, falam o idioma curdo. Suas maiores cidades são Mossul, Irbil, Kirkuk, Saqqez, Hamadã, Erzurum e Diyarbakir.

Dalma: ilha do Abu Dabi onde foram encontrados vestígios da cultura de Obeid.

Darya: grande água.

Décadas da Ásia de João de Barros: enquanto historiador e lingüista, João de Barros (1496-1570) merece a fama que começou a correr logo após a sua morte. Suas Décadas são não só um precioso manancial de informações sobre a história dos portugueses na Ásia, mas também o início da historiografia moderna em Portugal e no mundo.

Deriva Continental: hoje conhecida como Teoria Tectônica de Placas, demonstra como os continentes se deslocaram e se deslocam através da superfície do globo terrestre sobre o manto superior. Pelo deslocamento destas placas, a posição atual dos continentes ou porções de continentes não corresponde às suas posições no passado e não corresponderá às suas posições no futuro.

Dhofar: a Governadoria de Dhofar, situada na parte meridional do Sultanato de Omã, e a leste do Iêmen. Da mesma forma que o Iêmen, historicamente foi uma das duas principais fontes mundiais de incenso. Ainda que hoje o olíbano (incenso) da melhor qualidade seja muito usado localmente, o principal exportador do produto menos refinado é a Somália. A maior cidade da região é Ṣalalah, cuja planície desde antigos tempos usou um sofisticado sistema de irrigação, permitindo o crescimento de uma agricultura planejada. A região é diretamente exposta às monções de sudeste desde meados de agosto até finais de setembro ou outubro e é conhecida como *el khareef*.

Diba: porto dos Emirados Árabes Unidos no Golfo de Omã.

Dilmun: civilização que se estabeleceu no Golfo, iniciada no arquipélago do Barhein. V. *Barhein* e *Thylos*.

Doba: apelação portuguesa Ra Diba al-Hisn.

Dugongo: o dugongo (*Dugong dugong*) é o menor membro da ordem Sirenia, uma ordem de mamíferos marinhos que inclui igualmente o manati e a vaca marinha. O nome dugongo vem da palavra malaia *duyung*, que significa sereia. A espécie habitou todas as regiões tropicais dos Oceanos Índico e Pacífico, mas hoje em dia a sua distribuição é mais limitada. As principais populações vivem na Grande Barreira de Coral ao largo da Austrália, no Estreito de Torres, e em regiões do Golfo. Podem atingir 3m de comprimento e 500kg de peso. Os árabes do Golfo denominam *arus-al-bahr* a noiva das ondas. É também considerado como sereia.

E.A.U.: Emirados Árabes Unidos.

Elam: Uma das primeiras civilizações de que se tem registro no extremo oeste e sudoeste do que é hoje o Irã. Existiu de 2700 a.C. até 539 a.C., em seguida ao chamado Período Proto-Elamita, o qual teve início em 3200 a.C., quando Susa, que viria a ser a capital dos elamitas, começou a ser influenciada por culturas do Planalto Iraniano. O país situava-se a leste da Suméria e de Acad (atualmente, o Iraque). No período Elamita Antigo, constituía-se de reinos no Planalto Iraniano, cujo centro era Anshan, e, a partir do II milênio a.C., Susa. Sua cultura desempenhou um papel fundamental no Império Persa, em especial durante a dinastia aquemênida que veio a suceder a civilização elamita na região, quando a língua elamita continuou a ser empregada oficialmente. O período elamita costuma ser considerado o ponto inicial da história do Irã (embora tenha havido culturas mais antigas no Planalto Iraniano). A língua elamita não tem parentesco com as línguas iranianas, sendo parte de um grupo chamado elamo-dravídico. Os elamitas foram rivais dos sumérios e acádios, e posteriormente dos babilônios, na disputa pela hegemonia no Oriente Próximo, até que finalmente foram dominados definitivamente por Nabucodonosor II da Babilônia, no século VII a.C. Posteriormente, quando a Babilônia caiu ante os persas de Ciro, o Grande, os elamitas passaram a ser gradativamente absorvidos por outras populações iranianas e semitas.

Emirati: nome local dado aos naturais dos EAU.

Emirado: usado no livro como referência a um dos sete Emirados. Em português tanto pode ser dito Emirato ou Emirados. Na origem era usado apenas para os territórios administrados por um emir, mas atualmente pode significar também outros tipos de territórios.

Enlil: era o deus (dingir) sumério ligado aos fenômenos atmosféricos, como as tempestades e outras manifestações naturais (designadamente o raio e o trovão). Enlil, acima de tudo, era considerado o deus do ar (espírito) que ligava o céu e a terra, bem como dos ventos — de resto, a tradução do seu nome em sumério dá precisamente "Senhor do Vento" ("EN" = Senhor, Lorde; "LIL" = Vento, Ar); uma interpretação "por sentido" do nome seria "Senhor do Comando". A história da sua origem resulta de uma relação entre An (o deus dos Céus) e Ki (a deusa da terra). Quando Enlil ainda era um deus jovem, foi expulso de Dilmun (a casa dos deuses) para o Kur (o mundo infernal, abaixo da terra) por ter violado a sua irmã mais nova, Ninlil. Esta, porém, seguiu-o até ao submundo e aí concebeu os deuses Nanna (deus da Lua) e Ninurta. De outra esposa, Nisaba (a deusa dos cereais), foi pai de Nergal; por fim, da sua relação com Ereshkigal, Enlil foi pai de Namtar. Era particularmente venerado na cidade de Nippur; no entanto, embora esta fosse a cidade especialmente consagrada ao seu culto (acreditando-se que era no templo dessa cidade que o deus vivia), esta era uma divindade que tinha um caráter nacional em toda a Suméria. De resto, durante um período anterior a 3000 a.C., Nippur tornou-se um centro político muito importante. Inscrições encontradas neste lugar nas escavações realizadas entre 1888 e 1900 por Peters e Haynes, sob a tutela da Universidade da Pensilvânia, mostraram que Enlil era o líder de um extenso e populoso panteão de deuses e deusas. Estas inscrições encontradas referem-se a ele como Rei das Terras, Rei dos Céus e da Terra ou Pai dos Deuses; este último título, de resto, era também atribuído, henoteisticamente, a Enki, deus que, em dada altura da história suméria, acaba por ser suplantado, em termos de culto, por Enlil. Enlil fazia parte dos Anunnaki (an.un.na.ki — aqueles que do céu à terra vieram). Enlil era filho do deus An (céu) e da deusa Ki (terra). A terra estava sob o comando de Enki, que teria sido o primeiro da família dos Anunnaki a chegar a este lugar. Os relatos são esquivos no que diz respeito ao seu verdadeiro interesse no planeta, mas alguns estudiosos pensam que os antigos sumérios consideravam o seu interesse principal a extração de ouro, não para utilização em joalheria, mas para ser empregada em algum outro tipo de função.

FERNANDA DE CAMARGO-MORO

Enki: Enki ou EA — era entre os sumérios o deus (*dingir*) das águas doces (tanto dos rios e dos canais, como da chuva), mas também o deus das águas subterrâneas, chamadas Apsu (ou Absu), equivalentes ao caos primordial de outras culturas antigas. A água (A para os sumérios) tinha um significado também relacionado com o conhecimento ou sabedoria. Por este motivo Enki era também conhecido como o deus do conhecimento e da sabedoria. Como terceiro filho de An, Enki era verdadeiramente muito importante no panteão sumério, sendo por isso (por vezes) chamado de Rei dos Deuses em diversos hinos religiosos. Era especialmente cultuado na cidade de Eridu. Enki tinha por mulher sua irmã Ninhursag, com a qual teve filhos, entre os quais se destacaram Marduk e Nabu (o bíblico Nebo). O nome Enki, de resto, significa também senhor da Terra (En, uma corrupção de An, significa senhor, e Ki significa terra). Os seus símbolos iconográficos eram o peixe, a cabra e a serpente, os quais foram combinados num único animal, o mítico Capricórnio (o qual se tornou um dos doze signos do Zodíaco, e cuja ideologia teve a sua base na civilização suméria). Quando o povo de Acad, de origem semita, dominou a Suméria, adotou-o sob o nome de Ea. Irmão mais novo de Enlil e de Ninhursag, foi o líder responsável por "organizar" o planeta Terra (Ki) antes da criação do homem. Mas Enki perdeu o controle da Terra na altura do dilúvio (épico de Gilgamesh) para o seu irmão Enlil, herdeiro legítimo do trono e segundo no poder do universo de An.

Evaporitas: em petrologia se chamam de evaporitas as rochas classificadas como sedimentares que se formam por cristalização de sais provenientes dos lagos e mares costeiros. A cristalização requer uma supra-saturação de água salgada pelos sais que contém. O processo é favorecido por condições climáticas, como uma evaporação intensa.

Failaka: ilha da costa do Kuwait que outrora foi entreposto de Dilmun, e depois de Thylos.

Fanerozóico: representa um período relativamente breve em relação à idade da Terra e do universo, de meio bilhão de anos. Ele constitui a idade da vida animal e multicelular na Terra. Durante este período de tempo, organismos multicelulares deixaram um registro fóssil detalhado e construíram complexos ecossistemas e diversificadas espécies.

Fars: é uma das 30 províncias do Irã, localizada no sul do país, com capital em Chiraz.

Folosa de Bassorá, ou do Iraque (Acrocephalus griseldis): possivelmente oriunda do sudeste do Iraque, e segundo se soube recentemente, existente também nas áreas úmidas de Israel e da Palestina, busca a região de papiros e canaviais. Vivem na vegetação aquática ou ao redor de zonas de água corrente ou não. O seu canto se assemelha ao da Folosa dos canaviais *(Acrocephalus scirpaceus)*, porém é de mais profundidade.

Fortaleza de Nossa Senhora da Vitória: na seqüência da expansão portuguesa na Índia, em outubro de 1507, Afonso de Albuquerque atacou Ormuz, dominando-a, e quase conseguiu concluir a construção do Forte de Nossa Senhora da Vitória, se não fosse a deserção de três capitães portugueses (Motim dos Capitães). Foi forçado a abandoná-la em janeiro de 1508.

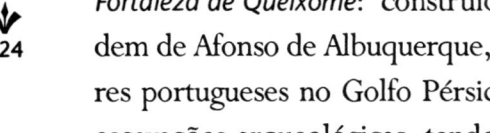

Fortaleza de Queixome: construída em 1507 na Ilha de Qeshm por ordem de Afonso de Albuquerque, foi um dos principais bastiões militares portugueses no Golfo Pérsico. Em 1999 foi alvo de importantes escavações arqueológicas, tendo-se encontrado, entre outras coisas, canhões, porcelanas chinesas, vidros de Veneza etc.

Forte Al-Fahidi (Dubai): na proximidade da entrada do khor do lado de Dubai, o forte, antiga residência real, passou hoje a abrigar importante museu.

Forte de Nossa Senhora da Conceição de Ormuz: em 1º de abril de 1515, Albuquerque, já governador da Índia, regressou a Ormuz, que reconquistou, fazendo reconstruir a fortificação, que colocou sob a invocação de Nossa Senhora da Conceição, e estabelecendo a soberania portuguesa, subordinada ao Estado da Índia. A posição foi conservada por mais de um século.

Gilgamesh: a Epopéia de Gilgamesh é a história de um rei sumério da cidade-estado de Uruk que teria vivido no século XXVIII a.C. Seu registro mais completo provém de uma tábua de argila escrita em língua acádia do século VII a.C., pertencente ao rei Assurbanípal, tendo sido no entanto encontradas tábuas com excertos que datam do século XX a.C., sendo assim o mais antigo texto literário conhecido. A primeira tradução moderna foi realizada na década de 1860 pelo estudioso inglês George Smith. Esta epopéia contém a mais antiga referência conhecida ao mito do dilúvio, que é recorrente em várias culturas e que está presente na Bíblia. Esse mito, herdado por tradição oral dos tempos pré-históricos, de acordo com algumas teorias, tem tido a sua origem no final da última era glacial. Outras teorias dizem que foi um tombamento do eixo planetário, causado ou pela gravidade de um meteoro que passou perto da Terra durante a época ou pela inversão do polo magnético da Terra que acontece de tempos em tempos. A primeira tradução a partir do original para o português foi feita pelo professor Emanuel Bouzon, da PUC-Rio.

Glaciação: as glaciações são fenômenos climáticos que ocorrem ao longo da história do planeta Terra. Como o próprio nome sugere, é um período de frio intenso, dentro de uma era do gelo, quando a temperatura média da Terra baixa, provocando o aumento das geleiras (ou glaciares) nos pólos e em zonas montanhosas, próximas às regiões de neve perpétua (que nunca derrete). Atualmente as geleiras ocupam 10% da área total do planeta e a maioria está localizada nas regiões polares, como a Antártica e a Groenlândia, mas nem sempre foi assim. Nos períodos glaciais o gelo cobria cerca de 30% da Terra e 30% dos oceanos, e provocou grandes mudanças no relevo continental e no nível do mar. Quando a temperatura global diminuiu, ocorreu como conseqüência o aumento das geleiras, ou seja, as baixas temperaturas provocaram o congelamento da água nos pólos, aumentando a quantidade de gelo nas calotas polares.

Golfo de Omã: Golfo formado pelo Oceano Índico ao sul da Península de Musandam e do Estreito de Ormuz.

Golfo Pérsico: Golfo-Arábico Pérsico. Grande Golfo que se estende entre a Baixa Mesopotâmia e o Estreito de Ormuz, e que chamo no livro apenas Golfo. O Golfo já tivera outros nomes, nas crônicas clássicas aparece em grego como *Sinos persicos,* e *sinus persicus,* em latim, e às vezes também como "mar dos ictiófagos", mas o que prefiro é o mais romântico de todos — mar das pérolas — aquele que foi dado pelos portugueses que o cobiçaram e não só tomaram o importante Reino de Ormuz, mas estabeleceram muitas defesas em toda a região na tentativa de conservar aquelas terras de grande importância para suas conquistas.

Gondwana: o supercontinente do sul Gondwana incluía a maior parte das zonas de terra firme que hoje constituem os continentes do Hemisfério Sul, incluindo a Antártida, América do Sul, África, Madagascar, Seicheles, Índia, Austrália, Nova Guiné, Nova Zelândia e Nova Caledônia. Foi formado durante o período Jurássico Superior há cerca de 200 milhões de anos, pela separação do Pangea. Os outros continentes nessa altura — América do Norte e Eurásia — ainda estavam ligados, formando o supercontinente do norte, Laurasia.

Gordon Childe: importante arqueólogo australiano, autor de diversos livros e da primeira, hoje alijada, teoria dos oásis.

Ghuzi: (coz. E.A.U.) cordeiro inteiro assado servido sobre uma cama de arroz e de nozes.

Hadjar: cadeia de montanhas entre o Abu Dhabi e o Sultanato de Omã.

Harapiano: procedente da antiga e importante cultura de Harappa, cidade do Vale do Indo.

Hareis: (coz. E.A.U.) cordeiro e sêmola de trigo lentamente cozidos.

Heródoto: Heródoto foi um célebre historiador grego, continuador de Hecateu de Mileto, nascido no século V a.C (485? – 420 a.C.) em Halicarnasso (hoje Bodrum, na Turquia).

Hidrocarboneto: É assim denominado qualquer composto binário de carbono e hidrogênio. O petróleo é um hidrocarboneto complexo.

Hili: sítio arqueológico que contém as culturas de 3000 a.C. a 700 a.C.

Hor: Braço de água, nome usado no Iraque.

Hormozgân: província iraniana nas margens do Golfo.

Hormuz: V. *Ormuz*.

Hormuzı: originário de Hormuz.

Húmmus (Humous): (coz.) purê de grãos de bico e sementes de sésamo.

Indo, Rio: o rio Indo em urdu Sindh; sindi Sindhu em sânscrito, hindi em grego Indos; é o rio mais longo e mais importante do Paquistão e um dos mais destacados rios do subcontinente indiano. O topônimo "Índia" é proveniente do nome do rio. Com origem no planalto tibetano, próximo ao lago Mansarovar, o rio atravessa o distrito de Ladakh, na Caxemira e nas Áreas do Norte na direção sul, cortando o Paquistão de norte a sul até desaguar no mar Arábico perto da cidade paquistanesa de Karachi. Seu comprimento é de 3.200km e sua bacia hidrográfica totaliza mais de 1.165 000km². O fluxo anual estimado do rio é de cerca de 210km³. Desde sua origem no topo do mundo, em meio a geleiras, aquele curso de água alimenta um ecossistema de florestas temperadas, planícies e campos áridos. Com os rios Jilum, Chenab, Rauí, Beás, Satle, e o extinto Sarasvati, o Indo forma o chamado delta do Sapta Sindhu ("Sete Rios") na província paquistanesa de Sind. O Indo conta 20 afluentes principais. Foi no Vale do Indo que se estabeleceu uma das mais antigas e importantes civilizações.

Ibn Batuta: Abu Abdullah Muhammad Ibn Battuta (1307-1377) nascido em Tânger, foi um importante viajante bérbere muçulmano que fez a volta ao mundo e relatou o que viu. Nesta brilhante descrição de suas viagens, ele evoca toda uma época.

Ilha de Kharg: importante ilha do Golfo, na costa iraniana.

Ismail I: Shah Isma'il Abu'l-Mozaffar bin Sheikh Haydar bin Sheikh Junayd Safawi (1487-1524), foi governante do Irã (Xá) e fundador da dinastia safávida, dinastia que sobreviveu até 1736.

Jacob d'Ancona: é o nome que foi dado ao suposto autor de um livro de viagens, possivelmente escrito por um letrado mercador judeu que usou no relato o italiano vernacular, no qual ele conta que chegou à China em 1271, quatro anos antes de Marco Polo. O manuscrito em italiano que David Selbourne, um inglês residente na Itália, informou ter traduzido e publicado como *The City of Light: The Hidden Journal of the Man Who Entered China Four Years Before Marco Polo*, não foi apresentado nem mesmo em fotocópia, permanecendo anônimo. O meio científico tem sérias restrições a este comportamento, que de certa forma agride a própria veracidade do manuscrito.

Julfar: Cidade portuária, na região hoje denominada Ras al-Khaymah. Entre os séculos XI e VIII a.C., a tribo dos Azd (iemenitas) se estabeleceu em cabanas de madeira no local. No início do século XVIII, os Qasimi (ou Qawasim) da tribo beduína dos Huwayla se estabeleceram em Julfar sob a forma de uma dependência do Emirados de Sharjah. Vivendo da pesca de pérolas e da navegação os Qawasim conheceram seu apogeu sob o reino do Sultão Bin Saqr (1803-1866), quando eles controlavam a maior parte da costa meridional do Golfo, o que atrapalhava o comércio das colônias do Reino Unido e de Omã na região. A cidade foi destruída em 1819, seguindo-se uma ocupação britânica, tratados de paz em 1822 e 1853 e a instauração do protetorado da "Costa da Trégua". Com a morte do Sultão Bin Saqr, Ras al-Khaymah e Sharjah separam-se em 1869 e constituíram dois Emirados distintos, salvo en-

tre setembro de 1900 e 7 de julho de 1921, quando o Emirado de Ras al-Khaymah esteve incorporado ao de Sharjah. Seguindo-se a formação dos E.A.U. em 2 de dezembro de 1971, Ras al-Khaymah se juntou à Federação em 11 de fevereiro de 1972. A cidade de Ras al-Khaymah é dividida por um khor em duas partes: a antiga Ras al-Khaymah e Nakheel.
Kerbala: uma das cidades santas iraquianas ligadas ao xiismo.
Khor Fakkan: v. *Corfação*. Porto dos E.A.U. que dá para o Golfo de Omã.
Khor: creek em inglês, ansa ou enseada estreita, comum à Arábia oriental.
Kirisha: deusa elamita.
Koramshar: cidade do Irã na fronteira com o Iraque.
Koussa mahshi: (coz. E.A.U.) abobrinhas recheadas.
Kuwait: o Kuwait foi fundado no início do século XVIII por vários clãs da região de Anaiza, que migraram de Najd (região central da atual Arábia Saudita) para diversos pontos do litoral do Golfo Pérsico. Com a miscigenação dos migrantes, formou-se a tribo conhecida como Bani Utub. De acordo com a tradição local, os Sabahs migraram de Najd para o sul fugindo do deserto, mas acabaram por voltar. Reagruparam-se então a outros clãs e migraram para Zubara, na costa oeste do atual Qatar. Não encontrando melhor situação, migraram finalmente para o norte, para o lugar que hoje se chama Kuwait, onde encontraram um lugar aprazível para viver. Lá já se encontrava a tribo Bani Khalid, que havia construído uma pequena fortaleza. Daí o nome do país (Kuwait é o diminutivo de kut, fortaleza ou forte). A constante paz da região, mantida pelos Bani Khalid, proporcionou aos Bani Utub uma ótima oportunidade de crescimento. Embora os primeiros controlassem os portos, foram os segundos que desenvolveram melhores técnicas náuticas e trocas comerciais pelo mar. O Kuwait tinha um dos melhores portos naturais do Golfo Pérsico; sua localização estratégica permitia aos nativos comerciar com diversas caravanas, além de contrabandear mercadorias nas cidades do

Império Otomano. As trocas comerciais incluíam cavalos, madeira, pimenta, café, tâmaras e especialmente pérolas. O Kuwait ficava próximo dos depósitos de pérolas que se estendiam ao longo da costa do Golfo Pérsico. No verão os barcos buscavam as pérolas para negociá-las no inverno.

Lagash: atualmente *Tell al-Hiba*. Na junção do Tigre e do Eufrates, a leste de Uruk, é uma das cidades mais antigas da Mesopotâmia. Situada na Suméria, ao sul da Babilônia, perto da atual cidade iraquiana de Shatra. Ficava próxima ao centro religioso Ngirsu, moderno Telloh. Muito evoluída, foi um dos expoentes do III milênio a.C.

Libedia (Labadia): provável apelação portuguesa para o forte de Badiya (início do século XVII).

Linschoten, Han Huygen van: (Haarlem, 1563- Enkhuizen, 8 de fevereiro de 1611), por vezes denominado apenas Van Linschoten, mercador e explorador holandês que viajou extensamente pelas zonas de influência portuguesa na Ásia. Convivendo intimamente com mercadores e navegadores portugueses, Linschoten terá copiado mapas e obtido outras informações sobre navegação e práticas mercantis na Ásia.

Litosfera: a litosfera (do grego "lithos" = pedra) é a camada sólida mais externa do planeta Terra, constituída por rochas e solo. É também denominada crosta terrestre.

Lyam: V. *Bushehr*

Magan ou *Maggan*: antigo reino do norte de Omã, referido em textos sumerianos cuneiformes em cerca de 2300 a.C. como fonte de cobre e diorita. Fez parte das exportações para a Mesopotâmia. As evidências arqueológicas e geológicas colocaram Magan no norte do atual Sultanato de Omã, fazendo parte do comércio com Meluha, no Vale do Indo, Dilmun e Sumer. Mesmo com o desaparecimento do comércio com o

Vale do Indo, as trocas entre Magan e o sul da Mesopotâmia não arrefeceram completamente. Embora o cobre de Chipre tenha começado a prover sobretudo o norte mesopotâmio, o cobre omanita não só buscou também outros mercados, como supriu o crescente mercado interno.

Majid, Ibn: nascido em Julfar, ao lado da cidade atual de Ras al-Khaymah, por volta de 1432-1437, Ibn Majid deve sua reputação de grande navegador às suas obras, 39 das quais, entre as 40 que nos chegaram, são escritas em versos. Alguns são considerados curtos, outros são mais longos: o *Al-Sofaliya*, por exemplo, comporta 805 versos e relata um périplo entre as Índias e Sofala, sobre a costa suaíli. Um tratado (o *Fawa'id*) é uma longa obra que não somente recapitula todos os conhecimentos adquiridos por Ibn Majid quando das suas viagens de longo curso, mas também amplamente se inspira junto aos trabalhos dos primeiros astrônomos árabes. O seu último poema conhecido foi composto em 1500 d.C., pouco antes de sua morte com cerca de 70 anos.

Makkan: região montanhosa das vizinhanças do Vale do Indo, atual Paquistão.

Manama: capital do Barhein.

Manguezal (mangrove): é um ecossistema constituído por uma vegetação predominantemente lenhosa e arbórea, que coloniza solos lodosos, pouco consolidados, ricos em matéria orgânica e com baixo teor de oxigênio. Geralmente localizado nas regiões costeiras tropicais e subtropicais, estabelecendo-se nas zonas entre marés, faixa de transição entre a terra e o mar, quase sempre abrigado por rios e estuários. É local favorável à proteção, alimentação, reprodução e desova de uma grande variedade de microorganismos, macroalgas, crustáceos e moluscos, adaptados às constantes variações de salinidade e fluxo das marés. Pesquisas indicam que as várias espécies de mangue originaram-se nas regiões do Índico-Pacífico, uma vez que nestas regiões há uma maior diversidade de espécies. Sua migracão para outras regiões do mundo, inclusive para a costa do Brasil, ocorreu através do transporte de propágulos de mangue.

Mar de Cochin: parte do mar da Arábia, nas vizinhanças da costa do Malabar.

Mar da Eritréia: apesar da Eritréia ser na África, na região do Mar Vermelho, o nome Mar da Eritréia, indicava toda a região que vai do atual Suez ao fundo do Golfo, incluindo as franjas da Arábia no Oceano Índico.

Mar de Tethys (ou de Tétis) v. histórico em Tetis: surgiu há aproximadamente 230 milhões de anos, quando se iniciou a divisão do supercontinente Pangea nas massas continentais Laurásia (constituída pela América do Norte, Europa e Ásia) e Gondwana (formada pela Antártica, África, América do Sul, Índia e Austrália). À medida que as massas continentais se moviam, esse mar foi diminuindo até se fechar totalmente, restando apenas o Mar Cáspio, o Mar Negro e o Mar de Aral. Após a "extinção" do Mar de Tethys, parte do local passou a ser ocupado pelo "novo" Mar Mediterrâneo.

Margarita: posteriormente Margaritum, Μαργαρίτη: pérola. A palavra em grego é apenas a forma grega do sânscrito Maracata, ou do farsi Merwerid, e se aproxima ainda mais da original, usada por Menandro (Ath. iii. 94). Theophrastus, escreve em sua breve nota: "No número de gemas estimadas pertence aquela chamada Margarites: transparente por sua natureza; e com elas são feitos colares de alto preço. Em tamanho ela é tão grande quanto o olho de peixe." Parece ter sido conhecida desde o tempo em que os gregos asiáticos se relacionaram com os persas, grandes admiradores de pérolas. Homero (H. xiv. 183) descreve os brincos de Hera como um epíteto de "triplo olho", e não pode ser aplicado para nada além de pérolas, principalmente porque nenhuma pedra preciosa nunca foi aludida pelo poeta. Um grupo de três pérolas em forma de pêra formando um atributo diferenciado ornava antigas figuras da deusa, muito ligado com as antigas rainhas persas. Elas são também citadas por Athenaeus (iii. 93) em seu admirável texto.

Mascate (Muscat): é a capital e a maior cidade do Omã. Localiza-se no Golfo de Omã. Tem cerca de 832 mil habitantes. Foi possessão portuguesa entre 1507 e 1650.

Matchbous: (coz. E.A.U.) cordeiro temperado com especiarias servido com arroz

Maysar: mina próxima a Niswa (Omã).

Meluha: referência a local no Vale do Indo que aparece sempre nos documentos mesopotâmicos. Seria a parceira de Magan e Dilmun.

Mesozóico: na escala de tempo geológico, o Mesozóico é a era do éon Fanerozóico que está compreendida entre 251 milhões e 65 milhões e 500 mil anos atrás, aproximadamente. A era Mesozóica sucede a era Paleozóica e precede a era Cenozóica, ambas de seu éon. Divide-se nos períodos Triássico, Jurássico e Cretáceo, do mais antigo para o mais recente. O nome Mesozóico é de origem grega e refere-se a "meio animal", sendo também interpretado como "a idade medieval da vida". É especialmente conhecida pelo aparecimento, domínio e desaparecimento polêmico dos dinossauros. No início desta era, toda a superfície terrestre se concentrava num único continente chamado Pangéia (ou Pangea). Porém, com o tempo, este supercontinente começou a fragmentar-se em dois continentes: a Laurásia para o Hemisfério Norte e o Gondwana para o Sul.

Mileiha: atualmente Al-Adour, antigo porto onde foram encontradas ânforas da ilha de Rhodes.

Mohenjo Daro: importante cidade do Vale do Indo.

Molah: religioso xiita.

Mossul, Mossoul, Mosul, al mawsil: importante cidade curda do norte do Iraque, nas vizinhanças da antiga Nínive assíria.

Motabel (coz. E.A.U): berinjelas ligeiramente cozidas cuja carne é transformada em massa com o tahine e alho.

Mumbai: antigo e atual nome de Bombaim.

Musandam: enclave (península) omanita nos E.A.U., na beira do Estreito de Ormuz.

Nadir Shah (Xá): foi o primeiro rei do Afeganistão. Líder turcomano, tornou-se rei da Pérsia em 1736, tendo alargado o seu domínio. Foi assassinado por um estudante em 1747, sendo sucedido pelo seu filho, Mohammed Zahir Xá.

Nadjaf: uma das cidades santas do xiismo no Iraque.

Náiades: ninfas do mar.

Nearchos: almirante grego dos tempos de Alexandre Magno.

Ninhursag: deusa Ninhursag era a deusa (*dingir*) suméria das montanhas, dos relevos e da orografia em geral. Representava a terra e tinha as atribuições de uma deusa mãe. Filha de An (o deus principal), irmã de Enlil e Enki, com quem tinha um relacionamento incestuoso. Em Acad tornou-se conhecida como Belet-Il, a Senhora dos Deuses, ou Mamma (a Parteira dos Deuses). Segundo os relatos sumérios, foi ela a principal responsável prática pela criação do homem. Na mitologia suméria, Ninhursag é o nome mais conhecido de Ki, e era a Terra e a deusa mãe que geralmente aparecia como a irmã de Enlil, porém em algumas tradições ela era sua consorte. Possivelmente nasceu da união de An e de Nammu, também às vezes figura como filha de Kishar. Nos primeiros dias ela foi separada do céu (An), e isolada por Enlil. Com o nome de Antu, aparece como progenitora da maioria dos deuses, dos Anunaki, dos Igigi e dos Utukku. Com a assistência de Enki, produz a vida animal e vegetal.

Niswa: importante cidade do Sultanato de Omã.

Omani: natural do Sultanato de Omã.

Ormuz, Estreito: separa o Golfo Pérsico do de Omã.

Ormuz: reino e cidade estratégica situada à entrada do Golfo Pérsico, foi conquistado por Afonso de Albuquerque em 1515, que lá estabeleceu uma poderosa fortaleza (Forte Nossa Senhora da Conceição), a que se seguiram outras importantes construções. Com a dominação espanhola de Portugal (1580-1640), Ormuz ficou particularmente vulnerável, à semelhança do que aconteceu a outras possessões e fortalezas portuguesas no mundo. No século XVII, os ingleses, aliando-se aos persas (muçulmanos), conquistam Ormuz em 1622, após um longo cerco. Os vestígios desta presença portuguesa na região continuam a impor-se na paisagem e nas tradições locais.

Ostras perlíferas: as que têm pérolas.

Pântano: área plana de abundante vegetação herbácea e/ou arbustiva, que permanece grande parte do tempo inundada. O ecossistema é único e diverso. O surgimento dos pântanos geralmente ocorre em áreas onde o escoamento das águas se torna lento. Assim, o entulho ocasionado pela massa orgânica, além de se decompor, ocasiona mais represamento da vazão da bacia hidrográfica.

Parsi: Língua falada no Fars, e também nome dado aos persas zoroastristas.

Parthas ou *Partas*: a Pártia, também conhecida como Império Arsássida, foi a potência dominante no Planalto Iraniano a partir do século III a.C., e controlou a Mesopotâmia de maneira intermitente entre 190 a.C. e 224 d.C. A Pártia foi o arquiinimigo do Império Romano, ao limitar a expansão deste ao leste além da Capadócia (Anatólia Central). O Império Parto (ou Parta) foi o mais duradouro dos impérios do antigo Oriente Médio. No início, nômades partos, de origem iraniana, instalaram-se no Planalto Iraniano e estabeleceram um pequeno reino independente. Sob a liderança do rei Mitrídates, o Grande (171-138 a.C.), o reino tornou-se dominante na região, submetendo a Média, a Mesopotâmia e a Assíria. Tornando-se império ocupava todo o território do atual Irã, e estendeu seu poder por quase todo o Oriente Médio, tendo chegado ao fim em 224 d.C., quando o último rei parto foi derrotado por um de seus vassalos, Ardacher dos persas, da dinastia sassânida.

Pasárgada e não Passárgada: antiga cidade do Fars.

Périplo do Mar da Eritréia: texto antigo sob a navegação na região do Golfo e do Mar Vermelho.

Perlífera: provedora de pérola natural.

Pero da Covilhã: viajante português.

Pérolas de cultura: pérolas formadas com a intervenção humana.

Pérolas naturais: também denominadas *pérolas finas*, são pérolas formadas sem intervenção humana.

Pérolas, tipo: al-djiwan, a mais preciosa; al-abîad, transparente de base achatada; al-gula, perfeitamente redonda; al-batn, de base chata; al-na'can, pequenina.

Persépolis: grande cidade persa aquemênida, construída por Dario.

Pesca de pérolas (ou al-Tâjir):

    Capitão do barco: Al-Nukhêda ou Nakhuda.

    Fathon: medida náutica.

    Nahhan: o cantor.

    Sambuk: barco, usado também para pesca de pérolas.

    Tawash: os armadores dos barcos de pérolas.

    Tiwasha: os negociantes de pérolas.

Placa tectônica (sinônimo de placa litosférica): placa tectônica é uma porção de litosfera limitada por zonas de convergência, zonas de subducção e zonas conservativas. Atualmente, a Terra tem sete placas tectônicas principais e muitas mais subplacas de menores dimensões.

Segundo a teoria da tectônica de placas, elas são criadas nas zonas de divergência, ou "zonas de rifte (rift)", e são consumidas em zonas de subducção. É nas zonas de fronteira entre placas que se registra a grande maioria dos terremotos e erupções vulcânicas. São atualmente reconhecidas 52 placas tectônicas, 14 principais e 38 menores.

Placa tectônica arábica: é uma placa tectônica continental, abrangendo a Península Arábica até a Turquia. Este país, assim como o Irã e outros países, sofre muitos terremotos originados do choque desta placa com a euro-asiática. Em tempos remotos foi a responsável pela origem do Mar Vermelho. A placa faz limites com a placa indo-australiana, a placa africana e a placa euro-asiática.

Placa da litosfera: também chamada placa tectônica.

Plínio, o Velho: Gaius Plinius Secundus (Como, 23-Stabia, 79), mais conhecido como Plínio, o Velho, foi um naturalista romano. Era filho de um équita, cavaleiro romano, e da filha do senador Gaius Caecilius de Novum Comum. Por vezes se confunde o local de seu nascimento com Verona. Autor clássico, no ano de 77 escreveu *Naturalis Historia*, um vasto compêndio das ciências antigas distribuído em 37 volumes, dedicado a Tito Flávio, futuro imperador de Roma. Talvez o naturalista mais importante da Antiguidade, afirmava que "a diversidade de copistas, e os seus comparativos graus de habilidade, aumentam consideravelmente os riscos de se perder a semelhança com os originais". E explicava que "as ilustrações são propensas ao engano, especialmente quando é necessário um grande número de tintas para imitar a natureza". Por essas razões, recomendava, os autores devem-se "limitar a uma descrição verbal" da natureza.

Ptolomeu: Claudius Ptolemaeus, Ptolemeu ou Ptolomeu, cientista grego que viveu durante o período helenista provavelmente em Alexandria, na então província romana do Egito, é reconhecido pelos seus trabalhos em matemática, astrologia, astronomia, geografia e cartografia, tendo realizado também trabalhos importantes em óptica e teoria musical. Sua obra mais conhecida é o *Almagesto* (que significa "O grande tratado"), um tratado de astronomia. Esta obra é uma das mais importantes e influentes da Antiguidade Clássica. Nela está descrito todo o conhecimento astronômico babilônico e grego e nela se basearam as astronomias de árabes, indianos e europeus até o aparecimento da teoria heliocêntrica de Copérnico. A sua obra mais extensa é *Geografia* que, em oito volumes, contém todo o conhecimento geográfico greco-romano. Esta inclui coordenadas de latitude e longitude para os lugares mais importantes. Naturalmente, os dados da época tinham muitos erros e os mapas eram bastante deformados, sobretudo nas zonas exteriores ao Império Romano.

Qatari: Oriundo do Qatar (Catar).

Qeshm: ilha nas vizinhanças da costa persa, que os portugueses denominavam Queixome.

Querenar: recuperar ou preparar um barco, ou seu casco.

Rai, Rayy ou Raghae: atualmente Chahr-e-Rey, outrora Ragâ no *Avesta*, Rages na Bíblia (Tobias I, 16), Rages sob Alexandre Magno, ou Europos para os selêucidas. Cidade da província de Teerã situada a 15km da cidade de Teerã. Terra natal de Zaratustra (626 a.C.), do califa Hârûn ar-Rachid (766), do médico e filósofo Razés (A-Râziy, 860). Foi destruída pela conquista árabe em 640, porém se tornou a segunda cidade do Império Abássida depois de Bagdá, graças ao futuro califa Al-Mahdi, que, ao ser seu governador reconstruiu-a cuidadosamente, tornando-a o grande centro de difusão cultural do Império. Capital do Reino dos Buidas no final do século X, foi tomada pelos turcos Seljúcidas em 1042. Em 1149 ali nasceu o poeta e filósofo Fakhr ad-Dîn ar-Râzî. Novamente destruída desta vez pelos mongóis em 1220, foi reconstruída, mas substituída por Teerã pela dinastia Qajar, que em 1786 ali estabeleceu sua capital. A cidade foi um fórum de discussões e contestações, e também um refúgio para as mais diversas seitas.

Ramsés II: foi o terceiro faraó da XIX dinastia egípcia, uma das dinastias que compõem o Novo Império. Reinou aproximadamente entre 1279 a.C. e 1213 a.C. O seu reinado foi possivelmente o mais prestigioso da história egípcia, tanto no aspecto econômico como no administrativo, cultural e militar.

Ras al-Hamra: sítio arqueológico nas vizinhanças de Mascate onde foram encontrados vestígios de uma cultura inteiramente ligada ao mar, datada de cerca de 3000 a.C.

Ras al-Khaymah: é um dos sete Emirados que desde 1971 integram os Emirados Árabes Unidos, e é localizado na fronteira com o Sultanato de Omã. Ras al-Khaymah é governada pelo Cheikh Saqr bin Mohammed al-Qasimi. Sua população é de cerca de 250.000 habitantes. A cidade de Ras al-Khaymah é dividida ao meio por um braço de mar. As duas partes são a Antiga Ras al-Khaymah e Nakheel. Anteriormente, a cidade era conhecida como Julfar.

Reza Pahlevi: Mohammed Reza Pahlevi (Teerã, 26 de outubro de 1919- Cairo, 27 de julho de 1980) foi xá do Irã de 16 de setembro de 1941 até 11 de fevereiro de 1979. Filho de Reza Pahlevi e da sua segunda esposa, Tadj ol-Molouk, Mohammed foi o segundo e último monarca da dinastia Pahlevi.

Rig Veda ou Rgveda: livro dos Hinos é o Primeiro Veda e é, com certeza, o mais importante veda, pois todos os outros derivaram dele. Sendo o Veda mais antigo, é, ao mesmo tempo, o documento mais antigo da literatura hindu, composto de hinos, rituais e oferendas às divindades. Possui 1.028 hinos, sendo que a maioria se refere a oferendas de sacrifícios, algumas sem relação com o culto. Independentemente do valor interno, o Primeiro Veda é valiosíssimo pela sua antiguidade. Passagens geográficas e etnológicas no Rig Veda provêem evidência de que ele foi escrito por volta de 1700-1100 a.C., durante o período védico no Punjabi (Sapta Sindhu). Foi preservado por séculos somente por tradição oral e provavelmente não foi escrito até a baixa Idade Média.

Rochas de carbonato: rochas carbonatadas ou calcários são rochas constituídas por calcita (carbonato de cálcio) e/ou dolomita (carbonato de cálcio e magnésio). Podem ainda conter impurezas, como matéria orgânica, silicatos, fosfatos, sulfetos, sulfatos, óxidos e outros. O termo "calcário" é empregado para caracterizar um grupo de rochas com mais de 50% de carbonatos.

Rochas sedimentares: resultam da deposição de detritos de outras rochas (magmáticas ou metamórficas), do acúmulo de detritos orgânicos, ou ainda da precipitação química. Ex.: arenito, calcário etc. Quando a rocha sedimentar é constituída de partículas preexistentes, pode ser classificada como clássica. O processo geológico que une as partículas é denominado litificação ou diagênese, e compreende uma combinação entre os processos de compactação e cimentação. As rochas sedimentares clásticas são classificadas de acordo com o tamanho de suas partículas, sendo facilmente reconhecidas pela seqüência de camadas horizontais em espessuras variáveis. Elas podem ser muito finas, argilosas e siltico-argilosa com ótima estratificação, finamente laminadas.

Rumeilah: foi o primeiro estabelecimento da Idade do Ferro escavado em ampla escala nos EAU. Os trabalhos foram conduzidos entre 1981 e 1983 por uma equipe francesa do CNRS (Centre Nationale de La Recherche Scientifique) de Paris. O sítio consiste em séries de construções de tijolos de argila, algumas delas tão bem preservadas que os tetos ainda estão intactos. Continha grande quantidade de cerâmica, pedra polida, artefatos de metal. Assim como selos, contas e muitas peças de objetos de bronze. Rumeilah foi ocupado entre 1000 e 300 a.C., e é similar em muitos aspectos aos sítios contemporâneos da Idade do Ferro tais como Al-Madam, Al-Thuqaibah, Qarn Bint Saud e Hili.

Sabka: planícies costeiras ao longo da margem ocidental do Golfo.

Salalah (Dhofar omanita): a cidade-porto tem uma grande importância histórica, política, comercial e cultural para o país. Capital da região meridional de Omã, além de ser um dos lugares preferidos por aqueles que viajam através do país, faz parte da região que se tornou famosa por sua vinculação histórica com a produção e o comércio do incenso, bem marcados pelos monumentos da cidade e de seus arredores. Enquanto a vegetação opulenta, as areias brancas e o mar muito azul dão um aspecto tropical à cidade, em oposição ao deserto das vizinhanças, as encostas com árvores de incenso e o interessante museu arqueológico ligado à Rota das Caravanas do Incenso preparam o visitante para os monumentos e ruínas que contam uma longa história. Quase na fronteira com o Iêmen, a região remonta à época medieval, podendo ser encontrados ali vestígios do passado nas ruínas de Al-Bali, de Samhuram e de Zafar, que demonstram a antiga saga do incenso, e a lenda diz que uma de suas relíquias arqueológicas teria sido o Palácio da Rainha de Sabah.

Sassânidas: a dinastia sassânida foi uma linhagem real que governou a Pérsia entre 224 e 651 d.C. e que se extinguiu quando o último xá sassânida, Yezdegerd III, perdeu uma luta de catorze anos contra o Califado, o primeiro dos impérios islâmicos. O território do Império Sassânida, governado desde a capital Ctesifonte, incluía partes dos atuais Irã, Iraque, Armênia, Afeganistão, leste da Turquia, leste da Síria, do subcontinente indiano, da Caucásia, da Ásia Central e da Arábia. Os sassânidas davam a seu império o nome de Irã. Esta época é considerada um dos períodos mais importantes e influentes da história da Pérsia. Em muitos sentidos, aquela época constituiu o auge da civilização persa e foi o último grande Império Persa antes da conquista muçulmana e da adoção do islamismo. A influência dos sassânidas afetou culturas muito além de suas fronteiras, como a Europa Ocidental, a África, a China e a Índia, e foi passada ao mundo islâmico. A cultura singular e aristocrática da dinastia, chefiada por monarcas dinâmicos, transformou a conquista islâmica do Irã numa espécie de renascença persa: muito do que viria posteriormente a ser identificado com a cultura, a arquitetura e a literatura islâmicas veio da Pérsia sassânida.

Shah Abbas ou *Xá Abbas*. V. Abbas I.

Sharjah ou *Charjah*: um dos sete Emirados que desde 1971 integram os EAU, e se estende por 16km na costa do Golfo Pérsico dos Emirados Árabes Unidos, e por mais de 80km para o interior. É o terceiro Emirado em extensão e o único a ter costas tanto no Golfo Pérsico como no Golfo de Omã. Historicamente, Sharjah foi uma das populações mais ricas da região, estabelecida como assentamentos com mais de 5000 anos de antiguidade. É governada pelo Cheikh Sultão Al-Qawsimi. Além do território principal, este Emirado tem três enclaves na costa oriental, frente ao Golfo de Omã: Kalba, Khor Fakkan e Diba al-Hush. A área total deste emirado é de 2.590km², a qual equivale a 3,3 por cento do território dos EAU, excluindo as ilhas. Sua capital alberga importantes centros administrativos e comerciais, além de uma grande variedade de projetos culturais, incluindo importantes e bem programados museus. Outras áreas notáveis que possui são o parque de diversões Al-Jazeirah, a Corniche Al-Buheirah e suas elegantes mesquitas. O Emirado de Sharjah é reconhecido como a capital cultural dos Emirados Árabes Unidos. O Centro de Exposições de Sharjah organiza uma feira anual do livro muito popular na região, assim como sua Bienal de arte. No território deste

Emirado são encontrados amplos oásis, sendo o mais conhecido o de Dhaid, lugar onde é cultivada uma ampla variedade de legumes e frutas. Khor Fakkan proporciona a Sharjah um importante porto na costa leste dos E.A.U. Além de ter jurisdição sobre a ilha de Abu Nuair, contém o enclave omani de Madha (que por sua vez contém no seu interior o enclave dos E.A.U. de Nahva), e reclama a ilha iraniana de Abu Musa.

Shawarma: (coz.) conhecido como Roti em alguns lugares, é feito com fatias finas de carne de cordeiro ou de frango temperado com especiarias, servido com salada e tahine temperados.

Sinos persicos (gr) ou *sinus persicus (lat)*: nome antigo do Golfo Pérsico.

Sohar: porto do Sultanato de Omã.

Sultanato de Omã: a região de Omã foi há tempos conhecida pelo seu nome sumério, Magan. Mais tarde Omã constituiu uma das satrapias do Império Persa. Foi incorporada por esse império por volta de 563 a.C. Os persas permaneceram no território durante muitos séculos, mas no início do século I d.C., tribos árabes começaram a chegar a Omã. Foi, no entanto, apenas em 632 que o Império Persa perdeu o poder e que o caráter árabe de Omã foi estabelecido. Em 751, os muçulmanos Ibadi criaram um imamato em Omã. Estes são vistos pelos outros muçulmanos como um ramo dos Kharijitas. O imamato Ibadi sobreviveu até meados do século XX. Omã é há séculos um centro de comércio. Em 1508, o porto principal, Mascate, foi capturado pelos portugueses, que lá permaneceram até que a cidade passou às mãos dos otomanos, em 1659. Estes foram expulsos em 1741, quando a atual linha de sultões foi formada por Ahmed Ibn Said. No início do século XIX, Omã atingiu o estatuto de potência principal, tendo possessões no Baluchistão e em Zanzibar. Em 1891, Omã tornou-se protetorado britânico, situação que se manteve até 1971. No ano anterior, o sultão Said Bin Taimur tinha sido deposto pelo seu filho, o sultão Qaboos bin Said Al Said (que governa desde 1970). Qaboos mudou o nome do país, que se chamava Mascate e Omã, passando a ser apenas Omã. Desde essa época, Qaboos tem melhorado significativamente a situação econômica do país, mantendo-se em paz com todos os outros países do Oriente Médio. Em 1996, o sultão assinou um decreto promulgando uma nova lei básica que clarifica a sucessão real, que cria um conselho consultivo bicameral com alguns, embora limitados, poderes legislativos, estabelece um primeiro-ministro e garante liberdades civis básicas aos cidadãos omanitas. Bases militares em Omã foram usadas em 2001 pelas forças dos Estados Unidos envolvidas em ataques terrestres contra o Afeganistão e Osama bin Laden. Em 2003, a câmara baixa do conselho consultivo foi livremente eleita pela primeira vez.

Sûq: o termo árabe sûq pode ser aplicável a mercado na sua totalidade, um mercado especializado, a parte comercial de um bairro — em oposição à residencial, e mesmo para um dia de mercado (feira). Por outro lado, como assinala Franck Mermier, em seu estudo sobre o sûq de Sana'a (*le cheikh de la nuit*), também utiliza-se a palavra sûq para designar o conceito de mercado nas expressões "mercado mundial" (sûq al-âlamî), "mercado financeiro" (sûq al-mâl).

Susa: capital elamita. V. *Elam*.

Tabbouleh: (coz.) salada de sêmola de trigo, salsa e hortelã fresca

Telo: V. *Lagash*.

Tethys, mar: V. *Tétis*.

Tétis (Tethys): oceano de águas quentes, tropical, formado com o rifteamento do supercontinente Pangea, o que deu origem aos supercontinentes Laurásia, ao norte, e Gondwana, ao sul, do Permo-carbonífero ao Mesozóico. Cinturão marinho com águas quentes, tropicais-subtropicais, dividindo os continentes em dois principais grupos, um ao sul e outro ao norte. A designação Tétis para este mar circumplanetário foi dado por Suess (1893; 1900) apud Ekman (1953) e Masse (1992). Durante toda a era Mesozóica e o terciário, o mar de Tétis (Neotétis) foi de considerável tamanho. O conceito biogeográfico de Tétis cretáceo (Kauffman, 1973) tem larga correspondência com o domínio Mesogée de Douvillé (1900) apud Philip (1982) e Masse (1992). O conceito biogeográfico de um "Megatétis mesocretáceo", incluindo o Atlântico Sul primitivo, foi apresentado em Dias-Brito (2000).

Tétis: na mitologia grega, Tétis ou Thethys era a esposa de Okeanos e mãe de divindades e ninfas marinhas.

Tumulus, tumuli: nome geralmente usado para os jazigos funerários da Idade do Ferro.

Tylos: no período Alexandrino, que abrange o período da viagem do almirante Nearco até a vinda do Islã no século VII d.C., Dilmun Bahrain passou a ser conhecida pela denominação grega: Tylos.

Ubaid, ou el-Obeid: pequeno sítio descoberto em Ur, na Mesopotâmia, que tem imensa importância por ter sido o primeiro lugar onde foram encontrados objetos da cultura do mesmo nome, que se expandiu na região passando a denominar uma época.

Umm al-Qaiwain: sítio antigo na costa dos Emirados onde foram encontrados vestígios similares da cultura Al-Obeid. V. também Hamriyah.

Umm an-Nar: (*Umm al-Nar* no Abu Dhabi) sítio arqueológico que continha material de 2000 a 500 a.C.

Ur: sítio arqueológico. Iniciada em 1923, essa escavação em grande escala, ao sul da Mesopotâmia, viria a desvendar os tempos distantes em que se formou uma nova terra no delta dos dois grandes rios e onde se estabeleceram os primeiros povoados humanos. A primeira descoberta consistiu num recinto sagrado com os restos de cinco templos que outrora envolviam, num semicírculo, o zigurate construído pelo rei Ur-

Nammu. Os exploradores pensaram tratar-se de fortalezas, tão poderosos eram seus muros. O maior, ocupando uma superfície de 100 x 60m, era consagrado ao deus da Lua, o outro templo, ao culto de Nin-Gal, a deusa da Lua. Cada templo tinha um pátio interior, circundado por uma série de compartimentos. Neles se encontravam ainda as antigas fontes, com longas pias calafetadas a betume, e profundos talhos de faca nas grandes mesas de tijolos, que permitiam ver onde os animais destinados ao sacrifício eram mortos. Em lareiras situadas nas cozinhas dos templos, esses animais eram preparados para o repasto sacrifical comum. Havia até fornos para cozer pão. "Depois de 38 séculos", observou Woolley em seu relatório da expedição, "podia-se acender novamente o fogo ali, e as mais antigas cozinhas do mundo podiam ser utilizadas novamente." Ali, o recinto sagrado, a circunscrição do templo, não era dedicada exclusivamente ao culto aos deuses. Além dos atos do culto, os sacerdotes desempenhavam muitas outras funções. Fora as oferendas, recebiam os dízimos e os impostos. E isso não se fazia sem o devido registro. Cada entrega era anotada em tabuinhas de argila, certamente os primeiros recibos de impostos de que se tem conhecimento. Sacerdotes escribas englobavam essa coleta de impostos em memorandos semanais, mensais e anuais. Ainda não se conhecia o dinheiro cunhado. Os impostos eram pagos em espécie: cada habitante de Ur pagava à sua maneira. O azeite, os cereais, as frutas, a lã e o gado iam para vastos depósitos; os artigos de fácil deterioração eram guardados em estabelecimentos comerciais existentes no templo. Muitas mercadorias eram beneficiadas no próprio templo, como nas tecelagens dirigidas por sacerdotes. Uma oficina produzia 12 espécies de vestes. Nas tabuinhas ali encontradas estavam anotados os nomes das tecelãs empregadas e os meios de subsistência conferidos a cada uma. Até o peso de lã confiado a cada operária e o número de peças de roupa prontas que daí resultaram eram registrados com minuciosa precisão. No edifício de um tribunal, foram encontradas, cuidadosamente empilhadas, cópias de sentenças, tal como se faz em nossos tribunais de hoje.

Ur: cidade da Mesopotâmia localizada a cerca de 160km da grande Babilônia, junto ao rio Eufrates, habitada na Antiguidade pelos caldeus. O maior representante de lideranças em Ur tinha o nome de Ur-Nammu, que ficou conhecido por ter criado o primeiro código de leis de que se tem notícias; seu código vigorou por 300 anos, quando então foi substituído por aquele que é considerado como o pai de todos os códigos: o Código de Hamurabi.

Vasco da Gama: Vasco da Gama (Sines, 1469-Cochim, Índia, 24 de dezembro de 1524) Navegador e explorador português. Filho do alcaide-mor de Sines, Estevão da Gama, o rei D. Manuel I (1495-1521) confiou-lhe o comando da frota que, em 8 de julho de 1497, zarpou do rio Tejo em demanda da Índia, com 150 homens entre marinheiros, soldados e religiosos, distribuídos por quatro pequenas embarcações. Depois de passar o Cabo das Tormentas ou da Boa Esperança, chegou a Calicut, no sudoeste da Índia em maio de 1498. O rei Dom Manuel I recompensou este glorioso feito, nomeando-o almirante-mor das Índias e dando-lhe uma renda anual que passaria para os filhos que tivesse. Recebeu, com os irmãos, o título de Dom e duas vilas, em Sines e Vila Nova de Milfontes. Voltou mais duas vezes à Índia — em 1502 e em 1524, tendo sido governador e segundo vice-rei para lutar contra os abusos existentes que punham em causa a presença portuguesa na região. Vasco da Gama começou a atuar rigidamente e conseguiu impor a ordem, mas veio a falecer em dezembro desse mesmo ano em Cochim.

Vedas: (Em sânscrito "conhecimento", "Amor sacro"). Os vedas são as escrituras oriundas derivadas do período denominado védico (1500-700 a.C), seguindo a migração do povo ariano para o Vale do Indo. As quatro principais escrituras são: o Rig Veda, livro dos hinos e orações, o *Yajur-Veda*, livro das fórmulas de sacrifício, o *Sama-Veda,* livro de cantos, e o *Athar-Veda*, livro de orações mágicas e especulação filosófica. O texto mais famoso é o Rig Veda (versos da sabedoria). O componente filosófico dos Vedas é sobretudo contido nas seções de conclusão ou explicações, conhecido como Upanishads.

Vernacular: hoje usado no sentido de comum a região.

VOC e VOR: Companhias Neerlandesas de Comércio, sendo que uma agia no Oriente e outra no Ocidente.

Wadi ou uádi: são os rios ou riachos do deserto que se tornam secos quando da estiagem.

Wara enab: folhas de vinha enchidas com arroz.

Warka: nome atual de Uruk.

Xiismo: origem histórica do xiismo: Depois da morte de Maomé, em 632, muitos acreditavam que ele havia escolhido como seu herdeiro e sucessor o seu genro e primo Ali ibn Abu Talib. Logo após seu falecimento, a escolha do novo califa foi organizada, mas enquanto Ali e sua família aprontavam o enterro de Maomé, alguns sahaba, companheiros do Profeta, elegiam o novo governante da comunidade islâmica. Sendo assim, Abu Bakr foi designado o novo califa. Antes de morrer, Abu Bakr designou seu sucessor, Omar, que foi assassinado em 644, dez anos mais tarde. Após ele, Uthman, da dinastia omíada, ocupa o califado até 656, ano em que foi assassinado. Finalmente Ali assumiu o poder. Com a morte de Ali, este foi sucedido por seu filho Hassan, porém, o novo califa foi obrigado a renunciar em prol do corrupto Muáwiya, que subornara seus amigos e corrompera seu governo, tornando impossível sua governabilidade. A divisão entre sunitas e xiitas nasce da questão sucessória dessa época, porém toda uma estrutura religiosa e diferenciada do sunismo foi construída.

Xiita: adepto do xiismo.

Zagros, montanhas: cordilheira de Zagros conhecida também como Çîyayên Zagrosê, em curdo, é cordilheira do Iraque e a segunda maior do Irã. Sua extensão é de 1.500km, correndo desde o Curdistão, próximo à fronteira entre a Turquia, o Iraque e o Irã, ao longo da fronteira Irã-Iraque, depois ao longo da costa norte-nordeste do Golfo Pérsico, até o lado norte do Estreito de Ormuz.

Zarathustra ou Zaratustra: em quase todos os escritos sobre a religião persa existe uma confusão de nomes, usa-se o termo Zoroastro quando se quer falar de Zarathustra. Na realidade, zoroastro é um termo genérico, um título, como faraó, papa etc. Mas muitas vezes é citado o nome Zoroastro quando se pretende mencionar o grande reformador religioso Zarathustra, que foi o mais importante ser que na Pérsia ostentou esse título. É considerado fundador do mazdeísmo, mas devemos tê-lo como um reformador desta religião cujas bases já existiam antes dele.

Zheng Ho: almirante chinês, conhecido também como o Grande Eunuco, que empreendeu grandes navegações no Oceano Índico, tendo chegado ao Golfo por volta de 1419.

Zoroastro: V. *Zarathustra*.

Bibliografia

AL-HARBI, S. Hommes et société: des pêcheurs de perles au Koweit, mémoire dactylographié, Paris, EHESS, 1980.

AL-WARRÂQ. Recolhimento de receitas compiladas em Bagdad no fim do século X por Abu Muhammad al-Muzaffar ibn Nasr ibn Sayyâr al-Warrâq.

ANÔNIMO. The Periplus of the Erythranean sea, traduzido por G.W.B. Huntingford, Londres, The Hakluyt Society, 1980.

BEGUIN BILLECOCQ. (Xavier) *Les Emirats Arabes ou la Fabuleuse histoire de la Côte des perles*, Culture, Paris 1995.

BEGUIN BILLECOCQ. (Xavier) *Portraits des premiers Cheikhs de Bahreïn,* Paris, R.I.C., 2003 in-folio (37 x 28cm), tiragem de luxo limitada a 300 exemplares numerados.

BERKEY, J. The Transmission of Knowledge in Medieval Cairo, Princeton, Princeton University Press, 1992.

CHEIKH SULTAN BIN MOHAMMED AL QASIMI. *The Myth of Arab Piracy inside the Gulf* (o mito da pirataria árabe no Golfo), Sharjah, EAU, 2002.

CLEZIOU, SERGE E CONSTANTINI, LORENZO. À l'origine des oásis, in *La recherche* numéro 137, Paris, 1982.

HEARD-BEY, FRAUKE. "The Tribal Society of the UAE and its Traditional Economy", in E. Ghareeb e I Al-Abed: *Perspectives in the United Arab Emirates*, Trident Press, Londres, 1997, p. 254.

KITÂB AL-TABÎKH. Primeiro Livro de cozinha em árabe, escrito em Bagdad do século VIII por Abou Ishaq Ibrâhîm ibn al-Mahdî Kitâb al-Tabîkh: livre de cuisine/Texte écrit par Kader Touati.

POLO, M., LE DEVISEMENT DU MONDE. *Le livre des merveilles*, Paris, la Découverte, 1991.

POTTS, DANIEL T. *The Arabian Gulf in Antiquity. I. From Prehistory to the Fall of the Archaeminid Empire, II. From Alexander the Great to the Coming of Islam.* Oxford University Press, Nova York, 1990.

REEVES, P.; BROEZE, F.; MCPHERSON, K. "The Maritime Peoples of the Indian Ocean Region since 1800", *Mariner's Mirror*, Vol. 74, août 1988, p. 241.

SCHOFF, W, H. (tr. & ed.), *The Periplus of the Erythraean Sea: Travel and Trade in the Indian Ocean by a Merchant of the First Century* (London, Bombay & Calcutta 1912).

SERJEANT, R. B. "The Ports of Aden and Shihr (Medieval Period)", *Studies in Arabian History and Civilisation*, London, Variorum Reprint, 1981, p. 207-224.

SERJEANT, R. B. *The Portuguese off the South Arabian Coast*, London, Clarendon Press, 1963.

SERJEANT, ROBERT B. "Star-Calendars and Almanac from South-West Arabia", Anthropos, vol. XLIX, n° 3-4, 1954, p. 433-459.

SMITH E. (ed.). *Those Who Live From the Sea*, St Paul, New-York, Boston, Went publishing Co, 1977.

VINCENT, WILLIAM. *The voyage of Nearchus, and the periplus of the erythrean sea*, Traduzido do grego. Oxford: University Press, 1809.

Índice Remissivo

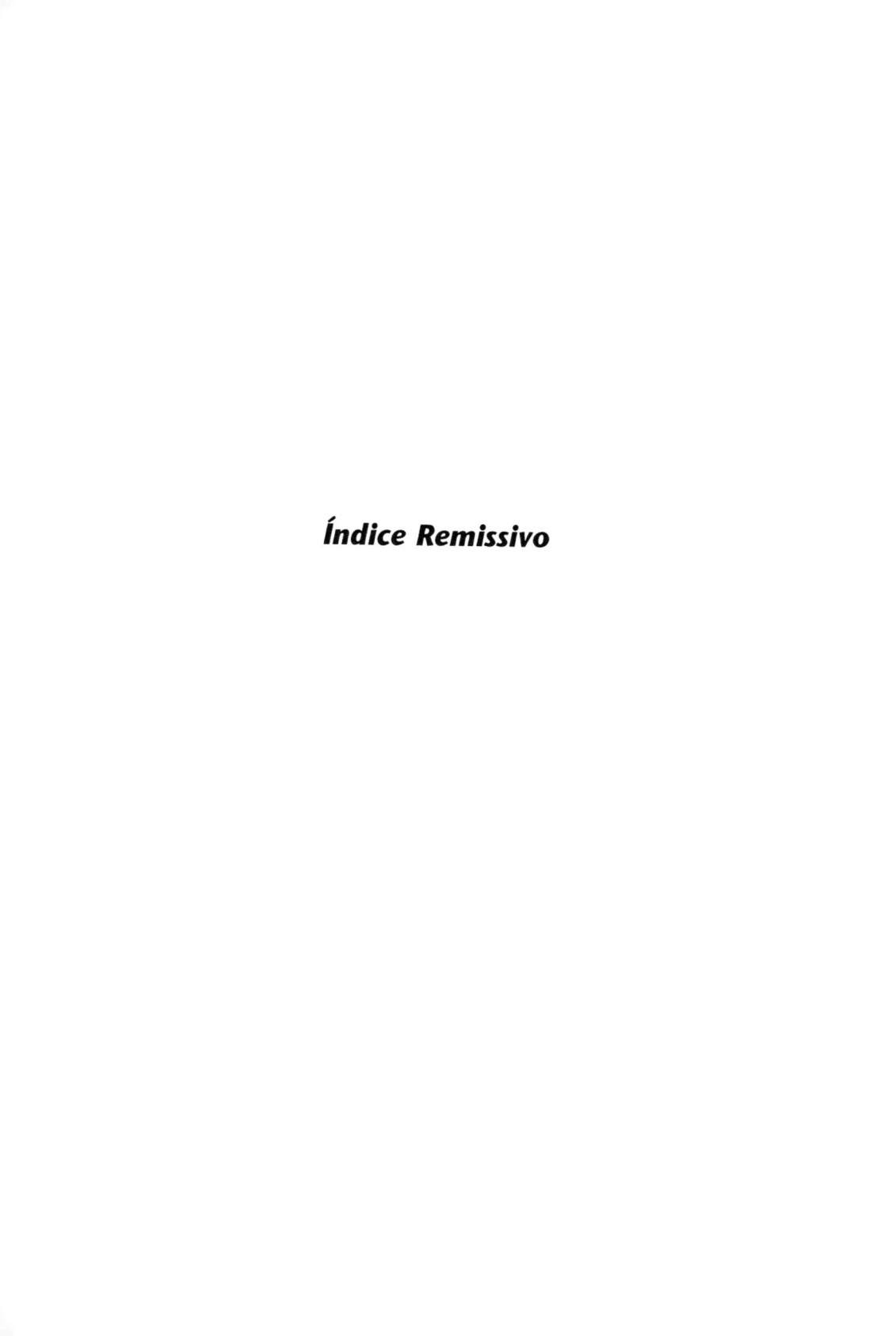

A

Abbas II, o Grande, 35
Abbas, Xá (Shah), 36, 242
Abi'el, 63, 184
Acad, 23, 54, 206, 207, 221, 223, 234
Agun II, 217
Al Qasimi, Cheikh Sultan bin Mohammed, 70, 73, 251
al- Rachid, Califa Hârûn, 238
Al Tabari, Abu Al Hasan Ali Bin Sahl Rabban, 66
Al-Abed, 88, 252
Aladim, 150
Albuquerque, Alfonso, 33
al-Hamawi, Yaqut Ibn'Abdullah, 67
Al-Idrisi, 67
Allah, 209
Al-Ma'moum, 170
Al-Mahdi, 238
al-Maktoum, Cheikh Said, 90
Al-Maqdisi, 67
Almeida, D. Fransisco de, 208
al-Qasimi, Cheikh Saqr bin Mohammed, 239
Al-Qawsimi, Cheikh Sultão, 242
al-Rashid, Harun, 162, 170, 191
al-Râzî, Fakhr ad-Dîn, 238
Al-Sharki, Cheikh Abdallah bin Mohammed, 121
Al-Sharqui, Hamad bin Abdullah, 211
al-Tikriti, Dr. Walid Yasin (Dr. Tikriti), 132
al-Warrâq, Abu Muhammad al-Muzaffar ibn Nasr ibn Sayyâr, 163, 251
Al-Warrâq, Kader Touati, 163
Al-Zubba, Kasr, 108
Ando, Tadao, 175, 177, 178
Antônio, Marco, 80
Apadana, 29, 212
Apsû, 212, 213
Aquêmenis (rei da Pérsia), 205
    Cambises II (filho), 205
    Ciro II (bisneto), 205

Aratabano IV, 213
Ardacher I, 32, 213
Ardacher I, 32, 213, 214, 236
    Papag (pai), 213
    Sapor I (filho), 214
    Sassan (avô paterno), 213
Aristóteles, 210
Assurbanipal, 58, 209, 225

B

Bahrain, 241
Bakr, Abu, 66, 185, 248
Balbi, Gasparo, 65, 68, 185
Barbosa, Duarte, 68
Barros, João de, 32, 219
Batuta, Abu Abdullah Muhammad Ibn, 32, 227
Beckham, David, 100
Berdiaev, Nicolas, 179
Bessus, 206
Bizet, Georges, 78
Bouzon, Emanuel, 225
Brito, Dias, 245

C

Childe, Gordon, 48, 226
Cleópatra, 80
Cleziou, Serge, 49, 252
Cobre de Dilmun, 48
Constantini, Lorenzo, 49, 252
Copérnico, 238

Covilhã, Pero da, 32, 236
Cristo, 62, 63
Cunha, Tristão da, 208

D

D. Afonso, 207
D. João II, 208
    Albuquerque, Francisco de (primo), 33, 208, 224
D. Manuel I, 247
d'Ancona, Jacob, 32, 228
Dario I, 205, 212
Dario III, 206
Dario, o Grande, 58, 212
Dilmun Bahrain, 245
Dilmun, 47, 48, 50-52, 57, 77, 79, 102, 133, 184, 214, 215, 217, 220, 222, 223, 230, 233
Dionísio, 210
Douvillé, Mesogée de, 245

E

E. Ghareeb, 88, 252
Ekman, 245
Enki, 10, 51, 52, 57, 212, 213, 222, 223, 234
    An (pai), 221-223, 234
    Dangalnuna (mulher), 212
    Ea (irmão), 223
    Enlil (irmão), 221-223, 234
    Nammu (mãe), 212, 234

Ninhursag (mulher e irmã), 51, 57, 223, 234
Antu, 234
Belet-Il, 234
Ki, 221-223, 234
Mamma, 234
  Marduk (filho), 223
  Nabu, 223
  Nebo, 223

F

Farinha, António Dias, 64
Flávio, Tito, 237

G

Gama, Vasco da, 33, 185, 247
  Gama, Estevão da (pai), 247
Geary, Frank O, 175, 176
Glaziou, Serge, 226

H

Habib, Ibn, 65
Hadid, Zaha, 175-177
Harun (califa), V. também al-Rachid, 150
Hera, 232
Heródoto, 44, 227
Ho, Zheng, o Grande Eunuco, 32, 249
Homero, 323
Huntington, Samuel, 26 I, Al-Abed, 88, 252

I

Ibrahim, Abou Ishaq, 164
  Harun (meio-irmão), 164
Ikaros, 51
Ismail I, 35, 228

J

Jean, Georges, 173

K

Khalifa, Cheikh Zayed bin, 71, 73, 74, 96, 127, 129, 132, 143, 186
Khamenei, 209
Khomeini, 29, 209
Kiririsha, 31, 217, 229
Kirisha, 229
Kishar, 234
Krishna, 79

L

Laden, Osama bin, 244
Linschoten, Van, 32, 230
Loulou, 30, 125-127, 130, 134, 136-138
  Ahmed (noivo), 126, 127, 130, 135-137
  Laila (mãe), 138
  Perle, 125

M

Magno, Alexandre, 56, 61, 210, 234, 238
   Aléxandros, Mégas, 210
   Iskander, 210
   II, Filipe (pai), 210
   o Grande, Alexandre, 206, 212
   Olímpia (mãe), 210
Mahna, Mir 36
Majid, Ahmed Ibn, 10, 66, 67, 104, 231
Maktoum, 69, 91, 96
Maktoum, Cheikh Rashid bin Saeed Al, 69, 73, 91, 96
Manuel I, D., 208
Maomé, 248
   Hassan (filho), 248
   Talib, Ali ibn Abu (genro e primo), 248
Masse, 245
Mazda, Ahura, 214
Mermier, Franck, 244
Méry, Dra. Sophie, 132
Ming, 32
Mitrídates, o Grande, 236
Mohamed, v também Maomé, 65, 102
More, Tomás, 173
Muâwiya, 248

N

Naboodah, 105
Nabucodonosor II, 221
Nahhan, 236
Nahyan, Cheikh Khalifa Bin Zayed Al, 186
Nahyan, Cheikh Zayed bin Sultan Al (Cheikh Zayed), 71, 127, 129, 132, 186
Náiades, 234
Nápoles, D. Fernando de, 208
Nearco, 31, 32, 217, 245
   Nearchos, 217, 234
Nerval, Gérard de, 5
Niebuhr, Carsten, 185
Nin-Gal, 246
Nouvel, Jean, 175, 177

O

Omar, 248

P

Pade (rei de Qade), 58
Pahlevi Mohammed Reza, 239
   Pahlevi, Reza (pai), 28, 239
Pelé, 100
Persépolis, 29, 30, 212, 218, 236
Philip, 245
Platão, 173
Plínio, 80
Polo, Marco, 32, 36, 228
Ptolemaeus, Claudius, 237
   Ptolomeu, 237

R

Rachid, Cheikh Mohammed bin, 143
Ramayana, 79
Ramsés II, 239
Ras el-Hamra, 45
Rayy, 30, 238
Razés (v. também Al-Râzî), 238

S

Sabah, Rainha de, 108, 111, 241
Safawi, Shah Isma'il Abu'l-Mozaffa bin Sheikh Haydar bin Sheikh Junayd, 228
Said, Cheikh, 91
Saqr, Bin, 228
Sargão I, 207
Sayid, Ahmed Ibn, 243
Schumacher, Michael, 100
Secundus, Gaius Plínius, 237
    Comum, Gaius Caecilius de Novum (avô), 237
    o Velho, Plínio, 63, 77, 237
Selbourne, David, 228
Senhores de Magan, 54
Shah, Nadir, 31, 37, 234
    Xá, Mohammed Zahir (filho), 234
Sharqui, Hamad bin Mohammed Al, 211
Sheharazade, 171
Simbad, 56, 112, 150
Smith, George, 225

Stewart, Rod, 100
Sûq, Wadi, 10, 55, 122, 135, 136, 184

T

Taimur, Sultão Sayid Bin, 243
    Sayid, Qaboos bin Sayid al (filho), 244
Teixeira, Pedro, 68
Tétis, 245
    Okeanos (marido), 245
    Thethys, 245
Theophrastus, 232
Thylos, 51, 220, 223
Tiamat, 213

U

Ur-Nammu, 247
Uthman, 248

V

Valeriano, 214

W

Woolley, 246

X

Xá (Shah) Abbas II, 35, 210
Xá Ismail I, 35

Xainxá, 123
Xerxes, 212

Y

Yaghmayi, Ehsan, 35
Yaqut, 67, 185
Yezdegerd III, 241

Z

Zagros, 21, 25, 28, 29, 249
Zarathustra, 214, 238, 249
Zayed, o Grande, 71, 73
   Shakhbut, Cheikh, 73
   Sultan, Cheikh, 70, 73, 251

Este livro foi composto na tipologia Lapidary 333 BT,
em corpo 13/18, e impresso em papel off-set 90g/m²
no Sistema Cameron da Divisão Gráfica
da Distribuidora Record.

Seja um Leitor Preferencial Record
e receba informações sobre nossos lançamentos.
Escreva para
RP Record
Caixa Postal 23.052
Rio de Janeiro, RJ – CEP 20922-970
dando seu nome e endereço
e tenha acesso a nossas ofertas especiais.

Válido somente no Brasil.

Ou visite a nossa *home page*:
http://www.record.com.br